스토리텔링의 이해

스토리텔링의 이해 | **저자** 이선희 | **펴낸곳** 사람들 | **초판발행** 2018. 2. 26. | **출판등록** 제2006-000063 | **주소** 경기도 파주시 탄현면 장릉로 124-15 | **전화** 031-943-3920 | **팩스** 0505-115-3920 | **전자우편** minbook2000@hanmail.net

—

—

ISBN 979-11-85501-10-9 03680

—

스토리텔링의 이해

이선희 저

목차

여는 글

이 책은 2014년부터 서울예술대학교 예술창작기초학부의 스토리텔링 연계 수업 기초이론 강좌인 〈스토리텔링의 이해〉와 〈스토리텔링의 성공사례 연구〉를 강의하면서 어떻게 하면 스토리텔링을 쉽고 재미있게 이해시킬 수 있을까 고민하면서 쓰게 된 스토리텔링 입문서이다.

스토리텔링이란 사람을 이해하고 인생을 이해하고 세상을 이해하는 방편이고 인류역사상 가장 오래된 역사를 가지고 있는 '이야기 짓기'다. 문자가 없던 시대에는 입에서 입으로 전해지는 설화나 신화의 구비문학형태로, 문자가 생긴 이후에는 소설·시·수필 등 문자전승문학형태로, 동영상 기술의 발달과 더불어 TV나 영화 등의 영상매체의 장르로 컴퓨터가 등장한 이후에는 멀티미디어를 활용하는 애니메이션·게임·웹툰 등의 디지털 스토리텔링까지, 시대에 따라 이야기 짓기의 방식과 내용은 다양한 형태로 끊임없이 변해 왔다.

그렇다면 과학과 기술의 발전, 융합시대인 현대에 왜 스토리텔링을 강조하는 걸까?

우리들은 예술 작품을 통해 작가와 교감을 한다. 때로는 분노하기도 하고 때로는 함께 슬퍼하고 기뻐하면서 사람과 인생에 대해,

혹은 우리 사회, 혹은 대한민국, 더 나아가 전 세계인에 대한 이해와 공감을 한다.

세상 살면서 이 세상 모든 곳을 가 볼 수도 세상 모든 사람을 다 만나면서 살 수도 없다. 문학작품을 통해 혹은 TV 드라마나 영화, 연극, 유투브, 웹툰 등을 통해 우리들은 가보지 못한 세계, 나와 다른 타인의 삶을 간접 경험하면서 인생을 이해하고 사람을 이해하게 되는 것이다.

스토리텔링 방법론은 사람과 인생을 이해하는 인문학적인 접근이기 때문에 작품 감상 혹은 분석을 통해 어떻게 살 것인지 깊이 사색하고 성찰의 시간으로 연결, 더 나아가 이야기 만들기 틀을 배워 창조적인 예술가로 성장하는 발판이 된다.

또 하나, 스토리텔링 방법론을 이해하면서 '생각하는 힘!'을 기르는 데 있다. 생각할 수 있는 힘을 기르는 것. 그 기본은 먼저 질문을 하는 것이다. 질문의 시작은 우선 호기심과 궁금증이 생겨야 가능한 것이다. 그 호기심과 궁금증이 창조적 발상의 시작이고, 내가 무엇이 궁금한지, 내가 무엇을 잘 모르는지, 거기부터 체크하면서 생각의 힘이 길러지는 것이다. 그 생각의 힘을 키우면서 창조적 상상력을 발휘, 예술가의 삶으로 확장되는 것이다.

정리하자면 스토리텔링은 시대 트렌드에 따라 변화하는 이야기 방식이고 우리들의 인생을 이해하는 기본 방법론이며 타인과의 소통 방법을 배우고 익히는 과정이다.

스토리텔링의 이해란 다름 아닌 과거와 현재 인간 삶의 여정을 이해하는 과정을 통해 미래를 예측하고 준비하기 위함인 것이다. 우리시대의 화두가 '4차 산업혁명시대를 주도할 인재 양성을 어떻게 할 것인가?'이다. 이는 구체적으로 '어떻게 교육할 것인가?'에 대한 또 다른 물음이다.

세계경제포럼 '일자리의 미래' 보고서에서 미래사회를 주도할 주인공들에게 요구되는 능력은 '복합 문제해결 능력', '비판적 사고력', '창의력'이라고 제시하고 있다. 4개 혹은 5개 중에 정답 하나를 고르는 시대는 끝났다. 정답이 없는 시대, 자기만의 방식으로 독창적이고 개성 넘치는 다양한 해법이 인정되는 시대, 사람과 사람의 협업, 사람과 기술이 함께 조화를 이루는 사회, 4차 산업혁명시대, 융복합시대는 새로운 스토리텔링의 시대를 열 것이다.

이 책은 이러한 시대적 요구에 부응하기 위해 엮은 것이다. 제1강 '스토리텔링의 역사'에서는 신화에서 디지털 스토리텔링까지 기술 발전에 따른 이야기 변천사를 다루기에 앞서 우리 이야기의 원형인 바리데기 신화를 중심으로 서사구조를 설명하고자 했다.

제2강 '스토리텔링의 비밀'에서는 어떻게 이야기가 만들어지는가, 작품 구현을 위한 방법론으로 아이디어 구축, 자료조사와 취재 등 기획단계와 서사구조 및 인물 만들기를 통한 이야기판을 완성하는 단계로 나누어 설명했다.

제3강 '창작 스토리텔링 〈천의소감〉 사례 분석'은 필자와 김선숙 작가(방송작가)가 공동 작업으로 엮은 영조와 사도세자 이야기를 실재 사례로 〈천의소감〉이 탄생하기까지의 전 과정을 상세하게 기록함으로써 글쓰기의 기본적인 접근 방법을 제시하고자 했다.

제4강 '스토리텔링 이해를 위한 기본기' 편에서는 문화와 문화코드 및 영상용어 익히기, 제5강 '스토리텔링 성공사례 분석'에서는 영화 대부(1부)를 사례로 시퀀스와 캐릭터 성격, 사건과 에피소드 등을 분석했고, 〈천의소감〉 전문과 참고문헌 등은 부록으로 별도 정리를 했다.

스토리텔링이 대세인 시대는 맞지만 스토리텔링에 대해 아직까지 이론적 혹은 학술적으로 완벽하게 정립된 것은 아니기에 스토리텔링에 대해 한 권의 책으로 엮는 것에 대해 조심스럽다.

그동안 스토리텔링 수업을 수강한 제자들은 이 책에 서술된 방법론을 익혀 〈우리들의 이야기 만들기〉 동영상을 제작 발표했다. 제자들의 작품을 학생들끼리 서로 코멘트 하고 수정 보완하는 과정을 지켜보면서 행복하고 보람된 시간들이었음을 고백하면서 제자들에게 감사함을 전한다.

  2018년 1월 16일

스토리텔링의 이해

스토리텔링의 역사

말로 전해 내려온 이야기(신화)에서 디지털 스토리텔링까지

문화원형은 선사시대부터 현대에 이르는 오랜 역사 속에서 형성된 우리 민족문화의 콘텐츠로, 정치/경제/의식주/인물/예술 등 다양한 분야의 전통문화 속에 풍부한 이야기가 있고 그것이 새로운 스토리텔링의 원천이 된다.

그렇다면 이야기의 시작은 언제부터였을까? 사람이 태어나면서부터, 인류의 시작과 함께 탄생되었고, 이야기는 인류 문명의 역사와 함께 세계 각국의 언어와 사회 문화 속에 다양한 형태로 존재해 왔다. 이야기는 크게 문자가 생기기 이전과 이후, 구비전승이야기(구전설화→구전문학)와 문자전승이야기(문헌설화→기록문학)로 구분할 수 있고, 현대의 디지털 스토리텔링으로 변화, 전승되고 있다고 볼 수 있다.

1) 최초의 이야기 : 설화(신화)

말로 전해오는 구비전승이야기의 대표적인 것은 설화이다. 세계 각 민족에게는 그 민족 고유의 설화들이 내려온다. 설화에는 민족의 전통 사상과 가치관, 정서, 문화가 담겨 있으며, 설화를 기반으로 끊임없이 새로운 문학이나 예술이 만들어진다.

설화의 종류는 신화, 전설, 민담 등이 있으며 각각 조금씩 다른 특성을 지니지만, 그 생명은 구전에 있다.

※ 설화(구전/문헌)

신화	천지의 창조, 민족이나 성씨의 시조의 탄생이야기
전설	어떤 지명이나 성명에 얽힌 이야기
민담	흥미 위주로 창작된 이야기

※ 한국의 신화

창세 신화	함흥 창세가, 오산 루말, 당고마기굿, 천지왕본풀이, 삼태자풀이, 마고 설화, 마고성, 설문대할망 등
건국 신화	고조선의 건국 신화, 부여의 건국 신화, 고구려의 건국 신화, 백제의 건국 신화, 신라의 건국 신화, 가야의 건국 신화, 고려의 건국 신화, 조선의 건국 신화 등
전설과 민담	당장경 천도 설화, 아기장수 우투리, 목도령 대홍수 설화, 방이 설화, 유리태자 설화, 해명태자 설화, 법우화상 설화, 황금 돼지 설화, 뱀신랑 설화, 장자못 설화, 지귀 설화, 보희 설화, 미추 이사금 설화, 여우 구슬 설화, 사금갑 설화, 지증왕 성기 설화, 해와 달이 된 오누이, 만파식적 설화, 연오랑과 세오녀, 자명고 설화, 당나귀 귀 경문왕 설화, 광포 설화, 군웅본풀이, 세경본풀이, 삼공본풀이, 본풀이·칠성풀이·제석본풀이·문전본풀이·일월노리푸념 등
영웅 설화	동명왕 신화, 금와왕 신화, 추모왕 신화, 박혁거세 신화, 대김알지 신화, 김수로왕 신화, 탈해 이사금 신화, 미천왕 설화, 박제상 설화, 견훤 설화, 거타지 설화, 처용 설화, 바보 온달, 무왕 설화, 작제건 설화, 강감찬 설화, 이성계 설화, 김덕령 설화, 임경업 설화 등

※『한국설화문학연구』(장덕순, 서울대학교 출판부, 1970), 『구비문학개설』(한국구비문학회, 일조각, 1971) 참조

2) 설화(신화)는 상상의 유산이다.

　설화는 소재의 폭이 상당히 넓다. 주인공도 현세적 인간에 국한하지 않고 이승과 저승을 오가는 초자연적인 인간, 우주, 자연, 동식물, 신 등을 포함하는 전우주적인 성격을 지니고 있다.

　이야기의 전개과정이나 내용도 과학적으로 입증할 수 없고 논리적인 비약도 심해 사실만을 기록하는 역사와는 다르지만, 설화 안에는 그 민족 고유의 정체성과 가치관을 내포하고 무엇보다 공간과 시간, 주인공의 초월성으로 듣는(읽는) 이로 하여금 무한한 상상의 세계에 빠져 들게 한다.

　사람들은 내가 가 보지 못한 세계에 대한 호기심과 동경과 환상을 가지고 있다. 설화의 생명이 구전되는 것이고, 그 생명을 유지할 수 있는 가장 큰 원동력이 바로 상상의 세계로 인도하는 힘인 것이다. 이야기를 만드는 사람에게 절대적으로 필요한 요소가 상상력이고 상상력의 파이를 넓히는 방법 중의 하나가 설화나 신화를 많이 읽는 것이다. 아는 만큼 보인다. 여러분의 상상력을 극대화하라.

3) 전통적 문화원형 : 바리데기 신화를 아십니까?

　바리데기 공주 이야기의 주제는 자신을 버린 아버지를 살리기 위해 인생 전부를 건 딸의 효심 이야기로 볼 수 있다. 바리데기 공주 이야기 속에는 한국의 효사상과 가부장적 남성우월주의 등의 전통적 가치관이 전제되어 있지만 그에 못지않은 상당히 진보적이고 주체적인 여성상을 그리고 있다.

궁 안에서 자란 여섯 공주들은 아버지의 목숨을 구하는 것보다 자신들의 안락한 삶을 포기하지 않았다. 아들을 원했던 아버지에 의해 출생과 더불어 버려졌던 일곱 번째 딸 바리데기 공주는 아버지의 목숨을 구하러 떠나기 전 당당하게 자신의 의사를 밝힌다.

"나라에 은혜와 신세를 진 것은 없사오나 소녀, 어마마마 배 안에서 열 달 들어 있던 공으로 가겠나이다."

또, 18년이란 세월을 바쳐 약을 구해 궁으로 돌아와 아버지의 목숨을 살린 후에 나라와 재물을 모두 주겠다는 부모의 호의를 정중하게 거절하고 주체적인 삶을 선택한다. 그리고는 자신은 부모 슬하에서 호의호식 못하는 운명이라 말하며 스스로 만신의 인위 왕이 되었다.

자신을 버린 부모를 구하기 위해 기꺼이 저승으로 생명수를 찾아 떠난 바리데기 공주는 우리나라 최초의 무당 설화로 한국판 그리스 로마 신화로 보아도 무방하다. 심청전도 바리데기 설화의 원형에서 크게 벗어난 것이 아니다.

바리데기 설화를 바탕으로 현대적으로 재해석한 작품 중에 황석영 작가의 장편소설 〈바리데기〉와 박정윤 작가의 〈프린세스 바리〉가 있고, 안무가 안은미에 의해 프린세스 바리를 현대적으로 재해석한 춤 공연도 있다.

TV드라마 〈내 딸 서영이〉의 경우도 바리데기 신화를 원형으로 한 현대적 부녀 이야기로 볼 수 있다. 드라마 속 딸 서영이는 가족을 돌보지 않았던 아버지의 존재 자체를 부정한다. 결혼을 하면서 남편은 물론 시댁식구들에게 자신의 아버지는 돌아가셨다고 말한다. 전통적인 효의 개념 혹은 바리데기 신화에 기저한 효사상으로 보면 서영이는 불효자 중의 최상급의 불효자이고 패륜아다. 그럼에도 불구하고 시청자들은 서영이를 이해하고 공감했다. 물론 드라마의 엔딩은 아버지와 딸의 용서와 화해다. 이처럼 시대에 따라 효의 의미도, 부모 자식 간의 관계도 달라지는 것이기에 스토리텔링은 끊임없이 재생산되고 소비되는 것이다.

【 바리데기 신화 】

대한국 어비대왕 내외가 쉰이 넘어도 세손이 없어서 정전과 내전이 늘 호전했다. 점바치에게 물었더니, 폐길년에 길례를 올리면 일곱 공주를, 대길년에 길례를 올리면 세 동궁을 얻는다는 답이 돌아왔다. 주상은 대길년을 기다릴 여유가 없어 바로 길례를 올리게 하였다.

세월이 흘러 중전의 옥체에 기미가 나타났다. 매일 먹던 수라에서 생쌀 냄새가 나고, 생선에서는 비린내가 나고, 푸성귀에서는 풋내가 나고, 국에서는 날장 냄새가 났다. 그리하여 열 달이 차 아이를 낳으니 점바치의 예언대로 공주였다. 이후로도 중전은 줄줄이 여섯 공주를 낳았고, 그 것도 모자라 마침내 일곱째까지 잉태하였다. 태몽이 여간 훌륭한 게 아니었다. 오른손에는 보라매, 왼손에는 백매, 무릎위에는 금거북이, 양어깨에는 해와 달이 돋아나고, 대명전 대들보에는 청룡과 황룡마저 보인다 했으니 모두들 당연히 세자대군이라 믿었으나 일곱 번째도 공주가 태어 났다. 구중궁궐 깊은 안채에서 곡소리가 터져 나왔다. 대왕마마는 아기를 후원에 갖다 버리라 명했다. 중전이 반대했지만, 어명을 어길 수는 없었다. 다행히 후원에 내다 버린 아기를 까막까치가 날아와 보살펴주었다. 대왕마마는 다시 아기를 옥함에 넣어 물에 띄워 보내라 명했다. 이제 눈물마저 말라버린 중전은 정녕 버리려거든 이름이나 지어 달라 청할 뿐이었다. 대왕은 "바리다 바리덕이 던지다 던지덕이"하고 아무렇게나 이름을 지어주었다.

옥함 속 아기 바리데기를 발견한 것은 바리공덕 할아비와 할미였다. 때마침 석가세존이 나타나 아기를 데려다 키우면 먹을 것, 입을 것, 살 곳이 생긴다 하며 최고의 공덕으로 아기를 데려다 기르라고 권한 뒤 사라졌다. 바리공덕 할아비와 할미가 불개미가 가득한 아기의 눈을 씻기고, 허리에 감긴 뱀을 풀어주고서야 마침내 아기를 안을 수 있었다.

세월은 빠르게 흘렀다. 팔 구 세가 된 아기씨는 배우지 않아도 문리가 트여 하늘의 법도와 땅의 이치를 두루 통하게 되었다.

"할미, 할아비야, 날 짐승이나 길버러지도 엄마 아빠가 있는데, 나의 어머니는 어디에 있으며, 아버지는 어디 계십니까?"

난감한 할미와 할아비는 전라도 왕대나무가 아버지이며 뒷동산 머귀나무가 어머니라고 둘러댔다. 그 후 아기씨는 멀어서 못 가는 전라도 왕대밭 대신 뒷동산 머귀나무에 하루에 세 번씩 극진하게 문안 인사를 올렸다.

아기씨가 열다섯이 나던 해, 국왕마마의 병환이 위중해졌다.

대왕마마가 천하궁의 다지박사 제석궁에 모란박사를 찾아 문복을 시켰다. 그들은 국왕 양 마마가 한날한시에 승하한다며 서둘러 일곱째 공주를 찾으시라 말했다. 이는 하늘이 아는 아기를 내다버린 죄이며, 만약 다시 회춘하려면 보린 아기를 찾아서 삼신산 불사약, 무정산 약류수, 동해 용왕 비래주, 봉래산 개암초, 안아산 수리취를 구해다 먹어야 한다는 것이었다.

하지만 누가 내다버린 아기씨를 찾아 나서겠는가. 만조백관이 절레절레 고개를 저을 뿐이었다. 그래도 어느 충직한 신하가 있어, 국왕 양마마의 편지와 여섯 공주의 봉서, 아기씨의 유물을 가지고 길을 나섰는데 까막까치가 길을 인도했다. 어렵고 먼 길을 찾아 헤맨 끝에 아기씨를 만나 궁궐로 데려왔다. 국왕 양 마마는 일곱 번째 공주를 잡고 눈물을 흘리며 이해를 구했다.

다시 세월이 흘러 대왕마마의 병이 위중하게 되었다. 무장산 약류수를 얻어다가 국가를 보존하길 바라지만, 만조백관이 하나같이 이승이 아닌데 어찌 갈 수 있느냐며 뒷걸음질을 쳤다. 이때 피붙이들에게 기대는 수밖에 없어 공주들을 불러 의향을 물었지만, 여섯 공주는 이 핑계 저 핑계를 대며 모두 거절했다. 결국 마지막 일곱째 공주에게 차례가 왔다. 바리공주는 말했다.

"나라에 은혜와 신세를 진 것은 없사오나 소녀, 어마마마 배 안에서 열 달 들어 있던 공으로 가겠나이다."

공주가 상투를 올려 세자처럼 채비를 한 뒤 오직 말 한 필을 타고 떠나는데, 떠나기 전 당부하기를 대왕 양 마마가 한날한시에 승하하더라도 국장을 치루지 말고 자신이 돌아올 때까지 기다리라고 했다.

아기씨가 먼 길을 나서니 주령을 한번 흔들 때마다 일천 리를 훌쩍 당기는 걸음이었다. 아기씨는 어느 날 큰 바위에서 석가세존과 지장보살, 아미타불을 만났다. 아기씨가 각각 삼배로 절을 올리고 길을 나선 연유를 말하며 길을 인도해 달라고 말하니, 석가세존이 비단 꽃을 주며 가지고 가다가 큰 바다가 있을 때 흔들면 육지가 된다고 가르쳐주었다. 길을 가던 아기씨는 가시성과 칠성이 하늘에 닿을 듯한 것을 보고 비단꽃을 흔들어 시왕으로 갈 귀신은 시왕으로, 지옥으로 갈 귀신은 지옥으로 보냈다.

또 한 곳을 바라보는데, 가운데 정렬문이 서 있고 그 옆에 무장신이 서 있었다. 남장을 한 아기씨가 자신은 국왕마마의 세자로서 부모의 목숨을 살리기 위해 왔다라고 말하자, 무장신선은 나무 값을 가져왔느냐 물었다. 급하게 오느라 값을 잊었다고 하자. 여기서 삼 년 동안 물을 길러주고, 삼 년 동안 불을 때고, 삼 년 동안 나무를 베어달라고 했다.

아기씨는 그렇게 아홉 해를 보냈다.

다시 무장신선이 하는 말이, 앞으로 보면 여자 몸이 분명하니 백년가약을 맺어 일곱 아들을 낳아달라고 했다. 그렇게 하면 부모 봉양을 할 수 있다는 것이었다. 결국 아기씨는 삼사오경에 인연을 맺고 일곱 아들을 낳아주었다.

아기씨는 부모 봉양이 너무 늦어진 것을 염려하자, 무장신선은 약류수와 살살이, 뼈살이(살과 뼈가 늘어나게 하는 것) 그리고 일곱 아기를 데리고 가라며 자신이 뒤를 겠다고 했다. 떠나올 때 하나이던 몸이 이제 아홉 몸이 되어 돌아갔다. 앞으로는 황천 강 뒤로는 유사 강이 흐르고, 까치여울 피바다에 줄줄이 배가 떠왔다. 효자와 충신의 배가 극락정토로 향하는 거라고 했다. 다른 한 곳에 가니 이번에는 피바다에 밑 없는 배가 칠팔월 참개구리처럼 울고 가는 게 보였다. 불효막심한 이들의 배가 억만 사천 여러 지옥으로 가는 거라고 했다.

먼 길을 거쳐 아기씨 일행이 마침내 서울 장안에 이르렀다. 사람들이 많이 모여 있기에 물었더니, 국상이 났다고 했다. 아기씨는 부랴부랴 머리를 산발한 뒤 길을 막았다.

"멈춰 서시오."

아기씨는 상여를 걷어 사개를 물리친 뒤 숨살이는 숨에 넣고 일영주는 눈에 넣고 약류수는 입에 흘려 넣어 양전 마마가 회춘하여 살아나게 하였다.

이어 양전 마마에게 자기가 무장신선과 인연을 맺어 일곱 아들을 낳았으니 죄를 물어달라 청하였다. 하지만 양전마마가 어찌 바리공주를 탓할 수 있으랴. 양전마마는 나라와 재물을 하사하겠다고 말했다. 그러나 아기씨는 이를 거절하고, 자신은 부모 슬하에서 호의호식 못하는 운명이라 말하며 스스로 만신의 인위왕이 되었다.

※ 참조 : 김현선, 현대어로 옮긴 〈바리공주〉, 『한중앙아시아 신화 설화 영웅서사시』(아시아문화중심도시추진단 2010), 『백 개의 아시아』(김남일 · 방현석, 도서출판 아시아, 2014)

이야기 구조 ; 이야기의 흐름

바리데기 신화의 메인 스토리라인은 바리데기 공주가 아버지를 살릴 수 있는 약을 구해 오는 여정이다.

- 약을 구하러 저승길로 가는 과정에서의 고난과 장애를 힘겹게 극복하는 과정
- 약을 가지고 있는 무장신선의 상상을 초월한 무리한 요구를 다 들어주는 자기희생적인 바리데기

  △ 삼 년 동안 물을 길러주고, 삼 년 동안 불을 때고, 삼 년 동안 나무를 베어달라고 해서 9년을 봉사했건만 그것도 부족해서 백년가약을 맺어 일곱 아들을 낳아주어야만 약을 주겠다고 해서 결국 바리데기 공주는 부부인연을 맺고 일곱 아들을 낳아 주고서야 약을 구해 다시 궁으로 돌아갈 수 있었다.

- 다시 궁으로 돌아가는 과정에서의 장애 극복

  △ 바리데기가 도착하기 전 아버지는 사망했지만 바리데기가 구해 온 약으로 다시 살아나고 △궁에 머물지 않고 스스

로 만신의 왕이 되어 떠나는 결말로 바리데기 신화는 완결된 이야기로 '기—승—전—결'의 서사구조를 갖추고 있다.

※ 서사구조 (바리데기 신화를 중심으로)

기(起) 도입부/발단	일으키고	시대, 장소, 인물소개, 암시
	일곱 번째 딸로 태어난 바리데기, 아들을 원하는 아버지에게 버림 받음.	
승(承) 전개	엮이고, 꼬이고	이야기가 본격적으로 시작(갈등의 시작). 주인공이 문제에 직면. 장애물(적)에 의해 방해받으면서 좌절. 혹은 성취될 듯한…
	15년 간 바리공덕 할아비와 할미 손에 자람. 딸을 버린 죄업으로 병든 아버지를 구할 수 있는 사람은 버림받은 바리데기 뿐. 아버지를 살리기 위해 생명수를 구하러 떠남.	
전(轉) 절정/클라이막스	매듭이 더 꼬이고	갈등의 증폭. 결정적인 순간에 문제 해결. 적대세력에 의해 주인공의 운명 반전. 작가의 의도가 드러나는 부분.
	무장신선의 요구대로 9년간의 봉사와 아들 아홉까지 낳아주고 약을 구해오지만 아버지는 이미 목숨을 잃은 상태… 구해온 약으로 아버지를 다시 살려냄	
결(結) 대단원/결말	꼬인 매듭 해결	주인공의 변화(감동) 테마의 정착
	한나라의 공주로 인정하는 아버지를 거부하고 신이 되는 길을 선택한 바리데기.	

※ 함께 생각해 봅시다

1. 바리데기 이야기의 주제를 한 줄 문장(한 문장 주제)으로 완성해 보십시오.
2. 바리데기 설화가 끊임없이 현대적으로 재해석되어 온 이유는 무엇이라 생각하십니까?
3. 바리데기 설화의 시작과 끝은 무엇입니까?

【 개념정리 】

스토리란 무엇인가?

이야기(스토리)의 사전적 의미는 '어떤 사물이나 사건, 현상에 대해서 일정한 내용을 가지고 하는 말'이다.

스토리텔링 (Storytelling)이란?

"단어, 이미지, 소리를 통해 사건, 이야기를 전달하는 것이다. 스토리 또는 내러티브는 모든 문화권에서 교육·문화 보존·엔터테인먼트의 도구로써, 또 도덕적 가치를 가르치는 방법으로써 공유되어 왔다. 스토리텔링에는 줄거리(plot), 캐릭터, 그리고 시점이 포함되어야 한다."고 한국어 위키백과에서 정의하면서 "이 문서의 내용은 출처가 분명하지 않습니다."라고 단서를 붙이고 있다.

정보와 기술력이 대세인 디지털시대인 요즘 각 분야에서 스토리텔링을 강조하지만 명확하고 선명하게 스토리텔링은 이것이다. 한마디로 정의할 수 없는 것이 스토리텔링의 특징이다. 편의상 우리는 현재진행형의 문화텍스트이자 문화기호인 스

토리텔링을 사전적 의미인 '이야기하기' '이야기 짓기'로 정
리하기로 한다.

디지털 스토리텔링(Digital storytelling)이란?

☞ 디지털이라는 기술 환경에서 멀티미디어라는 툴을 활용해
창조되는 모든 이야기 행위이다. 〈위키백과 한국어사전〉

☞ 오래된 이야기 기술을 새로운 미디어에 끌어들여 변화하고
있는 현재 삶에 맞게 가치 있는 이야기들로 맞춰가는 것.
〈U.C.버클리대학의 디지털 스토리텔링 센터의 공동창립
자인 Joe Lambert〉

☞ 디지털 기술을 환경으로 삼거나 표현 수단으로 활용하여
이루어지는 스토리텔링 기법 〈한국문화콘텐츠진흥원과 아
젠다리서치그룹이 발행한 CT기술동향보고서 〉

☞ 컴퓨터상에서 일어나는 모든 서사행위, 웹상의 상호작용적
인 멀티미디어 서사 창조들"이라 표현하고 있으며 여기에
는 텍스트 뿐 아니라 이미지, 음악, 목소리, 비디오, 애니메
이션 등을 포함한다고 한다. 〈한국과학기술원 인문사회과
학부 최혜실 교수〉

디지털 스토리텔링(Digital storytelling)의 역사

디지털 스토리텔링(Digital storytelling)은 1995년 미국 콜로
라도에서 열린 디지털 스토리텔링 페스티벌에서 처음 사용된
개념으로 새로운 방식의 이야기하다. 쉽게 말하면, 눈에 보
이지 않고 만져지지 않는 상상속의 공간이나 건물, 인물들이

실제 현실세계처럼 눈에 보이고, 만져지도록 컴퓨터를 활용한 멀티미디어 이야기하기다.

우리가 앞서 정의한 스토리텔링은 이야기하기였다. 그 이야기 하는 것을 인쇄 출판물(문자 매체)에 한정하지 않고 디지털 매체를 활용해서, TV, 영화, 드라마, 애니메이션 등으로 이야기하는 것으로 확장된 것이다.

스토리텔링의 비밀

기획단계 :
아이디어 구축 + 자료조사 + 취재

1) 당신이 궁금한 이야기는 무엇인가?
— 로그라인(한 줄 문장)으로 말하라

어떤 이야기를 쓸 것인가. 쓰고 싶은 이야기가 있는가? 왜 그 이야기를 쓰고 싶은가? 내가 말하고 싶고, 쓰고 싶은 이야기를 한 줄 문장으로 완성해 보라. 한 줄 문장이 원석이라면 사람들을 혹하게 만들 것이다. 심플한 이야기 구조가 사람들의 마음을 움직인다. 이야기는 사람들의 선택에 의해 비로소 빛의 세상으로 나온다. 사람들의 마음을 움직이지 못하는 글은 일기에 불과할 뿐 이야기가 아니다. 이야기는 사람들의 공감을 얻어야 비로소 작품이라는 이름으로 새롭게 탄생되는 것이다. 다시 말하면 작품은 독자와의 소통을 전제로 만들어진 이야기인 것이다. 자기가 만들고자 하는 이야기의 핵심(주제)을 한 줄 문장으로 정리할 수 있다는 것은 자기가 만들 이야기가 일기가 아닌 사람들의 공감을 얻을 수 있는 작품이 될 가능성을 찾았다는 의미이다. 사실, 내가 하고 싶은 이야기는 아이디어가 떠오른 순간, 한 줄 문장으로 만들기는 쉬울 수 있다. 다만, 그 한 줄 문장으로 대변되는 이야기를 5장의 줄거리 요약본과 60장의 스토리 전문으로 엮어 나갈 수 있는 신선한 아이디어와 재미있는 스토리의 핵심 키워드가 들어 있느냐 없느냐가 중요하다.

2) 당신이 궁금한 이야기의 끝은?

해피엔딩이냐 새드엔딩이냐의 문제가 아니다. 이야기의 목표점이 무엇인가, 그 목표점이 기존의 이야기와 어떻게 다른가, 얼마나 새로운 결말인가가 중요하다.

3) 당신이 궁금한 이야기지만 아는 것이 없다.
— 아는 것이 병이다.

보통 사람들이 다 아는 이야기, 지극히 상식적인 이야기를 뒤집을 수 있는 자만 이이야기꾼이 될 수 있다. 보통사람들에게는 아는 것이 힘이지만 이야기를 만들고자 하는 창조적인 사람에게는 아는 것이 병이 될 수도 있다.

내가 잘 아는 이야기부터 시작하십시오. 세상에 단 하나뿐인 특별한 이야기는 바로 내 이야기이니까. 하지만 여러분이 알고 있는 이야기가 정말 잘 알고 있는 이야기가 아닐 수 있음을 명심하십시오.

집을 지을 때 먼저 땅을 고르고 기초공사를 합니다. 땅이 얼마나 크고 기울어진 곳이 없는지 생긴 모습을 재고, 땅 속에 구멍을 뚫어 얼마나 단단한지 땅속을 조사한 뒤 집을 설계해야 합니다.

땅을 단단하기 만들기 위해서는 땅을 파고 콘크리트 부을 자리를 만든 후 철근을 가로세로로 겹쳐 깔고 단단히 묶어요. 전선을 넣을 관과 수도관 하수도관을 미리 만든 후 거푸집을 만들고 콘크리트를 부어 천천히 말려요.

여러분들은 이야기 기초공사를 어느 정도 했습니까?

4) 당신의 상상력을 발로 다져라
— 자료조사와 취재

하나의 이야기가 전개되는 과정은 상상력과 필력만으로 이루어지지 않는다. 한 줄 문장의 완성이 중요한 것은 다음 작업을 진행시킬 수 있는 촉발점이 되기 때문이다. 한 줄 문장으로 신선한 아이디어와 핵심키워드가 정리되었다면 술술 이야기를 풀어가 보라. 어디까지 쓸 수 있을까? 자기착각에 빠져 모래성을 쌓지 마라. 다시 한 번 강조하지만 이야기는 일기가 아니라고 했다. 내가 아는 것과 모르는 부분을 체크하고 스터디를 해야 한다. 어떤 자료 조사를 해야 하는지, 어느 장소를 답사해야 하고, 어떤 사람을 취재해야 하는지 본격 글쓰기에 들어가기 전 내 이야기에 필요한 정보와 지식, 인물, 직업, 시대적 상황, 장소 등 목록을 작성한다. 이때 중요한 것은 몰랐던 사실과 정보와 지식을 정확하게 파악 한 후 나만의 시각으로 뒤집어 생각해 보는 것이다.

　창작을 하는 사람들이 순간적인 영감으로 새로운 이야기 작업을 시작한다는 말은 맞을 수도 있고 틀릴 수도 있다. 분명한 것은 새로운 영감을 얻었다고 해서 그 찰나만 가지고는 작품으로 승화시키지 못한다는 것이다. 새로운 아이디어가 떠오른 순간부터 자료를 찾고 취재를 하면서 철저하게 고증하고 검증하면서 자신만의 시선으로 작품을 완성시켜 가는 것이다. 작가에 따라서는 자료 조사와 취재 기간이 실제 글을 쓰는 시간보다 훨씬 더 많이 걸리는 경우도 왕왕 있다.

그림을 그리는 단계 ; 이야기판을 짜라

1) 플롯(시작과 중간과 결말)

아리스토텔레스는 시학에서 모든 비극(극적인 이야기)은 갈등과 해결을 가지고 있다. 오프닝 씬(opening scene) 이전의 사건들, 그리고 드라마 안의 사건들이 갈등을 일으키고 갈등 이후의 사건들이 해결을 구성한다. 주인공의 운명이 바뀌는 지점까지를 갈등이라 생각하고, 주인공의 운명이 바뀐 이후부터 결말까지를 해결이라고 생각한다고 했다.

※ 스토리텔링의 비밀, 『아리스토텔레스와 영화』(마이클 티어노 지음/ 김윤철 옮김) 재인용

2) 캐릭터 – 주인공의 적과 동지를 삼각구도로

이야기판을 짤 때 플롯이 먼저냐 등장인물이 먼저냐는 거의 동시적으로 이루어지기 때문에 순위를 따지는 것은 무의미하다. 작

가에 따라서 등장인물들을 먼저 구성할 수도 있고, 플롯을 먼저 구성할 수도 있는 문제인 듯하다. 드라마나 영화를 볼 때 주인공은 모든 등장인물과 연결되어 있다. 옆집 언니 오빠, 그 오빠의 친구, 사돈의 팔촌까지 어떻게 나오는 사람마다 모두 다 아는 관계냐? 고 반문하지 말라. 작가가 할 일이 없어서, 좀 쉽게 써 보려고 아무 생각 없이 엮어 놓은 것이 결코 아니다. 유능한 작가일수록 주인공과 주변 인물들과의 관계를 유연하게 잘 만드는 법이니까. 어쨌든 재밌는 이야기의 필수 요건은 현실적으로 불가능한 인간관계가 드라마나 영화에는 가장 중요한 인물 관계도이다. 그 얽히고설킨 인간관계의 갈등을 해소하는 과정에서 흥분도 하고 분노도 하고 공감을 하면서 이야기 속으로 빠져 들게 되는 것이 이야기이기 때문이다. 그래서 드라마나 영화가 허구라는 것이고, 사실같은 꾸며진 이야기의 주인공 옆에는 반드시 적과 동지, 그리고 중간매개자가 있어야 한다.

글 쓰는 단계

　줄거리를 쓸 때는 주인공의 입장에서 이야기를 풀어라. 주인공이 이루고자 하는 목표는 무엇이고 주인공은 그 목표를 달성하기 위해서 어떠한 고난과 장애를 뛰어넘는지 짧게 요약한다. 하늘 아래 새로운 이야기는 없다. 그럼에도 불구하고 늘 새로운 이야기가 탄생된다. 이 말은 똑같은 상황이라도 시대에 따라 사람의 성격에 따라 다른 과정을 거쳐 다른 결말이 나오는 색다른 이야기가 탄생되는 것이다. 단순하게 나열된 일대기 중심의 구성이 아니라 에피소드와 사건 중심으로 이야기를 전개하여 인물이 주는 감동을 느낄 수 있도록 구성한다.

창작 스토리텔링 사례 분석

― 〈천의소감〉(김선숙, 이선희 공저) 기획과정

〈천의소감〉 작품개요 및 줄거리 요약본

천의소감 사례분석

　〈천의소감〉은 조선역사상 가장 비극적인 사화인 영조와 사도세자의 죽음에 얽힌 이야기를 독창적으로 재해석한 것이다. 본장은 〈천의소감〉이라는 새로운 이야기가 탄생하기까지 〈천의소감〉의 발상은 어떻게 시작되었으며, 이 이야기를 스토리텔링(OMSU/드라마, 영화, 소설문학 등으로 활용할 수 있는 원천 소스)으로 완성시키기 위해 어떠한 자료들을 찾아 공부했고, 어떤 장소와 인물들을 취재했는지 전 과정을 기록한 것이다.

　구성순서는 작품개요와 줄거리 요약본을 먼저 싣고 기획단계인 자료조사와 취재, 본격적인 이야기 구축을 위한 등장인물 성격 및 관계도(캐릭터 구현)와 역사적인 사건 등을 단계별로 정리했다.

　〈천의소감〉은 역사책도 다큐멘터리도 아닌 역사적 기록에 근거해 상상력을 더한 역사판타지라는 점을 분명히 하고 싶다. 그럼에도 불구하고 이미 다 알려진 역사적 사실을 재해석하는 것으로 논란의 소지가 있을 수 있기에 가능하면 작가적 시선에 비추어진 상상력의 근거를 조선왕조실록이나 일성록 등의 사료를 제시한다.

1) 작품 개요

구분	내용
작품 장르	역사 판타지 〈천의소감〉
사업화 희망 분야	드라마 & 영화
기획의도	비운의 왕세자, 사도! 누구나 다 아는 이야기를 '영웅사주'를 타고 난 '불굴의 왕세자'로 뒤집다! 사도세자는 부국강병을 꿈꾸며 신진세력인 〈선원계〉를 조직한 통치철학이 있는 성군이었으나 신병을 앓아 스스로 뒤주 속에 갇혀 아사하면서 아버지 영조에게는 왕권강화의 명분을 아들 정조에게는 신병의 대물림을 막았다. 조선왕조 5백년 역사상 가장 비정한 아버지였던 영조! 그는 아들을 죽이지 않았다! 왕가에 금기시 된 무병이 궐내에 알려질까 전전긍긍하던 영조는 비밀리에 세자의 무병 치유방법을 찾게 되고 그 방편은 옻칠을 한 뒤주 속에 세자를 가두면 천민의 피, 천형의 "신기"를 잡을 수 있다는 것이다. 이제, 뒤주에 대한 의문도, 아들을 죽인 비정한 부모의 혐의도 풀린다. 영조는 아들을 살리려 했던 한 많은 가엾은 아버지였던 것이다. 이 이야기는 역사 실록 속에 살짝살짝 내비치고 있는 기록적 토대와 판타지적인 가설을 엮어 창경궁 내 문정전 명당자리에 놓였던 뒤주 비화의 의문을 조명 해보고자 한다.
로그라인	부국강병을 꿈꿨지만 무병에 걸려 스스로 죽음을 선택할 수밖에 없었던 비운의 왕세자 사도와 아들을 살리려했던 아버지 영조… 조선궁중 역사상 최대비극인 임오화변의 역사적 사실을 뒤집는 역사 판타지

2) 스토리 요약본

▶ 프롤로그 : 뒤주의 진실

1762년(영조38년) 윤5월13일 영조의 명에 따라 문정전 (왕의 편전이자 왕실의 신주를 모신 혼전) 관문이 폐쇄되었다. 문정전 뜰 안에는 버들가지를 든 지관과 모야는 바람이 불지 않고 물이 나지 않는 혈이 통하는 자리를 찾아 발걸음을 자 삼아 위치를 잡아 선다. 옻칠을 한 뒤주를 들고 서 있던 성수청 국무들은 지관이 지시하는 데로 뒤주의 자리를 잡는다. 침통한 표정으로 지켜보던 세자 선은 영조에게 삼배례를 한다.

"아바마마… 8일 전에 문정전 문을 열면 절대 아니 되옵니다. 9일째 되는 날, 소자가 아바마마께 문안 인사드리러 가겠사옵니다."

"날이 이토록 무더운데 8일이라니 그건 아니 될 일이다. 성수청 국무가 하루면 된다 하질 않느냐? 약도 과하면 독이니라."

"아바마마… 신과 대적하는 싸움이옵니다. 만약 소자가 신기를 단절하지 못한 채 중도에 포기하면 세손에게까지 부정한 기운이 간다 하옵니다. 통촉하여 주시옵소서."

영조는 아들의 말에 따랐고 세자 선은 스스로 문정전 앞 뜰 최고의 명당자리에 놓인 뒤주 속으로 들어가 8일 만에 아사했다.

▶ 신기를 타고난 왕세자, 그리고 천신녀와의 운명적 사랑

영조가 42살에 얻은 아들 선. 하나를 알면 스물을 알정도로 총명했던 선은 조선의 세자 중 가장 큰 사랑과 기대를 받은 국본이었다. 그에게 무병 증세가 처음 나타난 것은 열 살 때. 양위선언을 한 영조를 말리기 위해 석고대죄를 하던 중 영조를 옹호했던 노론의 가신이 역적이란 공수를 터트리고 쓰러진다. 정성왕후는 그 사실을 감추기 위해 성수청 국무 백화와 의논해 세자를 자신의 사가로 피정 보낸다. 그곳에서 세자는 무녀 소화의 딸 하야와 짧지만 강렬한 첫 만남이후 9년의 세월이 흘러 색정나인이 되어 궁궐로 들어 온 하야와 운명처럼 다시 만나 사랑에 빠진다.

▶ 사도세자와 같은 날 태어나 운명적으로 연결된 신녀 하야

하야의 친어머니는 명문세도가의 고명딸로 신병을 앓다 소화에게 딸을 맡긴 채 딸에게 신내림이 대물림 되는 것을 막아달라는 유언을 남기고 자결했다. 무녀 소화의 딸로 자란 하야는 자신이 사대부집 자손인 것을 모른 채 몰래 배운 무무도를 출 때가 가장 행복했다. 엄마가 무녀인 것도 부끄럽지 않았다.

신녀가 왜? …요녀라고! 삼국시대에 무녀는 국가를 지배하는 최고 권력층이었다. 드라마의 한 상상 속 인물일지라도 '미실'를 보면, 왕과의 결혼을 선택 할 수 있고 왕을 움직일 수 있는 막강한 파워 우먼이었다. 그러나 조선시대 무녀들은 공노비출신들이 들어가는 궁조차 들어갈 수 없는 천민계층으로 전락했다.

하지만 신녀에 대해 혹세무민하는 요녀라 치부하며 억압했으면서도 세금을 부과하는 조선시대 몇 안 되는 전문 직업군으로 인정하고 있다. 뿐만 아니라 궁궐 안에 성수청이라는 공식적인 신녀조직을 운영하며 국가제례를 담당케 하여 최고 권력 구조에 편입시켜 놓았고 하야의 이모 백화가 현재 성수청 국무다. 하야는 이모를 통해 궁에 들어와 무녀 소화의 딸임을 숨긴 채 색정나인(각 전

궁의 문안편지를 관장하는 나인)으로 세자의 사랑을 독차지 하지만 세자의 여인들에게 표적이 된다.

▶ 왕세자의 신병을 감추려는 여인들, 정성왕후와 백화의 비책

세월은 흘러 세자 나이 19살, 그는 4년 전부터 대리청정을 하고 있다. 말이 대리청정이지 모든 일은 영조의 뜻대로 했고 그렇지 않을 때는 심한 질책을 받았다. 심신을 짓누르는 아버지에 대한 부담감! 세자는 새 옷을 입을 때 난동을 피우는 의대증도 매일 밤 악몽과 답답증에 시달리는 증세도 다 그 때문이라고 생각한다. 아버지의 강한 기운에 눌린 자신의 신기가 신병으로 발현되기 시작한 것을 상상조차 못 했던 때이다. 그런 아들의 고초를 알지 못한 영조는 기대가 컸던 만큼 선에게 역정 내는 일이 많아졌고 부자간의 갈등의 폭이 점점 벌어지는 가운데 석 달째 가뭄으로 백성들의 고초를 염려하던 영조는 세자에게 기우제를 집도하라 명한다.

3일간 기우제를 지내고 단을 내려오던 세자는 7일 후에 비가 올 거라고 예언하고 쓰러진 후 심한 열병을 앓는다. 두 번째 공수가 터진 것이다. 진짜 7일 후 비가 오자 정성왕후는 두려움에 떨며 백화를 부른다. 일이 터졌음을 느끼는 백화. 열 살 때 굿으로 겨우 신기를 눌러 놨는데 다시 세자의 무기가 승하고 있다. 그런데 세자의 처소 저승전에 원인을 알 수 없는 불이 난다. 그 시각 정성왕후에게 가 있던 세자는 화를 면하지만 궁은 발칵 뒤집힌다. 영조는 당장 화재사건을 조사하라고 내금위에 명을 내린다. 신병의 전조증상으로 불안감에 휩싸인 세자는 분명 노론들이 자신을 죽이려한다는 의심을 하기 시작하고 글동무였던 무념(박문수 아들)과

정한(김상로 아들)에게 따로 조사를 명한다. 저승전 방화범이 잡히지 않은 상태에서 두 번째, 세 번째 연이은 화재사건이 일어난다. 선왕 경종비 어씨가 있었던 어조당, 그리고 규장각(숙종때 건립된 선왕들의 어제나 어필을 보관하는 왕립도서관)의 경종 어제가 보관된 곳에서 불이 난다. 사실, 궁궐 화재사건은 세자의 무기를 누르기 위해 정성왕후가 계획한 화재였다.

그런데 사건은 예기치 않은 방향으로 흘러 궐내 당파싸움의 촉발제가 되고 만다. 연쇄방화 사건의 주모자를 찾는 과정에서 소론 세력이 대대적인 숙청을 당하고 세자는 자신도 죽을지도 모른다는 환영과 환청에 시달린다. 그나마 하야의 옆에서 편히 잘 수 있는 것만이 그의 유일한 안식이다. 하지만 질투에 눈이 먼 양제 박씨와 세자를 몰래 흠모해 왔던 모야의 공모로 하야가 무녀의 딸인 것이 드러난다. 세자가 무녀의 딸을 품었다는 사실이 알려질까 두려운 정성왕후와 백화의 계략으로 하야는 어대비를 모셨던 나인들과 함께 궁에서 일어난 연쇄화재의 방화범으로 몰린다. 며칠 후 하야와 나인들의 시신이 시구문으로 나간다.

▶ 왕세자의 좌절과 은둔

궁에는 비밀이 없다. 세자가 무녀를 품었다는 소문이 영조의 귀까지 들어간다. 무수리 아들이라는 열등감을 가지고 있는 영조는 아들이 천한 무녀를 품었다는 말이 아랫것들 입에서 나오는 것조차 수치스럽다. 그는 왕실에 대한 불경스러운 소문을 잠재우기 위해 〈나주벽서 사건〉과 〈토벽병과 사건〉 주모자들을 공개 처형해 군왕의 힘을 보인다. 그리고 자신의 정통성을 증명하기 위해 〈천의소감〉을 편찬토록 한다. 세자는 심정적 지지자인 소론의 가신들을 잃고 자괴감에 빠진다. 힘이 없어 그들을 지키지 못했다. 다시 그런 일을 당하지 않으려면 힘이 필요했다. 세자는 절친한 정한과 무념, 수리를 중심으로 노론에 맞설 자신만의 조직인 선원계를 만든다. 선은 〈천의소감〉 편찬을 통해 역신을 충신으로 바꾸려는 영조를 막기 위해 독단적으로 정확한 역사를 기록하기로 하고 수리에게 그 임무를 맡긴다. 그리고 미래를 준비하기 위한 자신만의 길을 걷기로 한다. 선원계와 함께 지도서를 만드는 등 부국강병을 위해 그 어느 때보다 의욕적으로 일을 벌여 나간다.

그러던 어느 날, 백성들의 생활을 살펴보기 위해 정한과 수리를 데리고 미행을 나간 선은 장터에서 맹인 점쟁이를 만난다. 자기의 속을 들여다보는 것처럼 읽어낸 점쟁이는 당신에게 신이 왔다고 한다. 감히 국본에게 무병이라니, 격노한 세자가 그의 목을 친다. 현장에서 세자가 사람 죽인 것을 본 정한은 충격을 받는다. 거기에 무병이라니. 그런데 세자는 그 사건을 기억조차 못한다. 정한은 모든 것이 혼란스럽다. 환궁한 선은 모야를 통해 하야를 무녀의 딸이라 발고한 이가 양제 박씨란 사실을 알게 되고 그 배후에 정성왕후라는 사실도 밝혀낸다. 세자는 양제 박씨를 궁 밖으로 내치라고 한다. 제발 용서해 달라고 매달리는 양제 박씨를 밀치고 밖으로 나가는 세자. 그런데 양제 박씨가 죽었다. 자신이 사람을 죽였다는 것을 알게 된 세자는 자신이 무섭고 두렵다. 순간, 맹인 점쟁이를 죽인 것도 생각난다. 그때부터 그의 무병은 더 심해진다. 군화 소리의 환청이 들리고 등을 칼로 저미는 고통에 눕지도 못한다. 세자는 절대적으로 거부하고 부정하려했던 자신이 무병임을 인정하고 만다. 조선의 국본이 무병이라니! 속에서 불이 나고 미쳐나갈 지경인 세자는 자살을 시도하지만 실패한다.

점점 이상해지는 세자의 행동에 겁이 난 세자빈 홍씨는 부부인에게 하소연을 한다. 딸이 걱정된 부부인은 잘 아는 점쟁이에게 세자의 점을 보는데 신이 왔다는 점괘를 듣는다. 충격에 남편에게 그 사실을 알리고 부원군 홍봉한은 최근 세자의 상태를 떠올리며 그것이 사실임을 확신한다. 아버지에게 세자가 무병임을 들은 세자빈 홍씨는 세손을 지키기 위해 세자에게서 등을 돌린다.

세자의 상태가 심해지자 정성왕후는 백화보다 더 강한 신기를 가진 무당을 국무로 앉힐 계획을 세운다. 백화는 딸 모야를 국무로 자신의 뒤를 잇게 해 달라는 부탁과 함께 세자의 신기를 누를 수 있는 최후의 방편인 소신공양을 한다. 하지만 그 효염도 잠깐, 세자의 무병은 낫지 않는다. 영조 앞에서 신기가 더 오르는 세자는 영조의 의견에 맞서고 호령하는 사태까지 일어난다. 영조와 세자의 반목은 계속되고 그 사이에서 가교 역할을 하며 세자를 감싸주던 정성왕후가 병에 걸린다. 시간이 없음을 직감한 정성왕후는 세자의 생모 영빈 이씨에게 선의 비밀을 알려준다. 그리고 세자에게 꼭 성군이 되라는 유언을 남기고 죽는다. 가장 든든한 방패막이가 되어 주었던 어머니의 죽음, 세자는 슬픔에 넋이 나간다. 영조는 중전이 죽은 것이 세자 때문이라고 원망하며 부자 사이는 더욱 악화된다.

▶ 세상에 드러나는 왕세자의 신병, 역모죄인으로 폐세자 위기
심신이 엉망인 세자는 온 몸에 종기와 열꽃이 핀다. 영빈 이씨는 영조에게 세자의 온양 행궁을 허락받는다. 온양으로 가던 중 무녀가 된 하야가 찾아온다. 하야가 방화범으로 몰렸을 때 세자의 끈질긴 애원에 정성왕후는 그녀를 죽은 것으로 하고 목숨만은 살려줬다. 세자의 신기를 누르기 위해 내림굿을 받고 무녀가 된 하야, 세자의 손을 꼭 잡고 자신의 기를 준다. 순간 세자의 몸에 종기와 열꽃이 사라지고 마음이 안정된다. 할 일을 다 마친 하야는 선과 영원한 이별을 고한다. 세자는 자신을 위해 희생한 하야를 보며 신보다 강한 성군이 되겠다는 의욕을 불태운다. 선원계의 일에 더욱 박차를 가하고 여러 번 관서지방 미행에 나선다. 묘향산에 있는 하야를 찾아간 선은 너도 내 백성이라 하며 스스로 강해져 신을 이길 테니 영원히 함께 하자고 그녀의 손을 잡는다.

모든 것이 선의 뜻대로 흘러가고 있었다. 하지만 수리의 배신으로 김상로가 가장사초를 손에 넣게 되면서 세자는 최대의 위기를 맞는다. 서책에는 세자가 맹인점쟁이와 양제 박씨를 처참하게 살해했고 그 참혹한 살인의 원인이 세자의 신병에 있다 기록되었다. 뿐만 아니라 임인 옥안에 대해 바로잡아 놓은 것은 물론 선원계원들과 함께 추구하고자 했던 세자의 통치철학까지 상세하게 기록되어 있다.

김상로는 드디어 세자를 폐위 시킬 때가 왔음을 확신한다. 노회한 정치 9단인 김상로는 왕세자의 신병 사실을 밝히는 대신 선과 선원계원들을 역적으로 몰아가고, 격노한 영조는 세자를 옥에 가둔다.

▶ **살리려는 아버지와 죽으려는 아들의 선택, 뒤주!**

왕세자 역모 사실을 들은 영빈 이씨는 영조를 찾아가 세자를 살려달라며 정성왕후가 죽기 전 남긴 유서를 전한다. 세자의 무병을 알게 된 영조! 하늘이 무너지는 것 같은 충격을 받는다. 세자에게 정말 무병이 맞느냐고 묻는 영조 앞에서 세자는 오열한다. 영조는 신하들이 사실을 알게 된다면 폐세자는 물론 이씨 왕조가 무너질 수도 있다는 위기감에 왕세자의 비밀을 아는 내관 상수를 죽이고, 소화와 하야를 찾아 없애라 명하고, 성수청을 영구 폐쇄한다. 모야와 살아남은 성수청 무녀들은 모두 지하 감옥에 가두었다.

　영조는 선원계원들을 취국하는 과정에서 혹시라도 세자의 무병이 알려지는 것을 막기 위해 정쟁의 중심이 된 역모사건을 덮고 반대하는 김상로마저 파직시킨다. 노론 실세와 유림들은 진실을 밝혀 폐세자 시키라는 상소를 올리고 성균관 유생들은 호곡권당을 한다.

　세자는 영조에게 자신을 폐세자 시키라고 간청한다. 하지만 영조는 지하 감옥에 갇힌 모야에게 옻칠한 뒤주가 신기를 누르는 무속의 방편이라는 얘기를 듣는다. 세자는 뒤주가 자신를 죽음으로 몰아넣을 것이란 걸 알고 거부하려 하는데, 순간 아버지를 죽이는 자신의 모습을 본다.

　세자는 아버지를 살리고 세손을 위해, 자기 대에서 모든 업을 끊기 위해 아사를 결심한다. 그는 아흐레가 되는 날 아침 아버지에게 문안 인사를 가겠다고 거짓 약속으로 영조를 안심시킨 후 스스로 뒤주로 들어간다. 세자 선, 그는 신을 거부하고 왕세자의 길을 선택했다. 아들의 주검 앞에 아무 말도 할 수 없었던 영조는 그날 밤 선의 시호를 내렸다.

사도세자, 思悼(사도)··· 생각하니 슬프다.

지금부터 〈천의소감〉를 사례로 여러분과 생각을 나누고자 한다. 맨 처음 이야기의 시작은 '영조는 왜 왕세자인 아들을 뒤주 속에 가두어 굶겨 죽여서 역사 속에서 가장 잔인한 아버지가 되었을까?'에서 출발이 되었다.

기획단계 : 아이디어 구축단계

1) 논리적인 상상으로 스스로를 설득하라

처음 아이디어가 번뜩 떠올랐다면 그 아이디어가 이야기꺼리가 되는지 논리적인 상상을 하라. 스스로를 설득하는 과정에서 이야기의 힘을 발휘할 수 있는 얼개가 짜인다.

이 과정에서 이야기가 재미없고 허무맹랑해서 진도가 나가지 않는다면 그 아이디어는 재고해야 한다. 스스로를 설득하지 못 한다면 독자를 설득하지 못 할 것이고 그 이야기는 작품으로 선택되지 못 할 가능성이 높다.

판타지 (출발)

믿을 수 없다!
　　→ 영조가 정말 사조세자를 죽인 비정한 아버지일까?
왜?

→ 왕의 자리를 넘보는 세자여서? 권력은 혈육과도 나눌 수 없다고? 사도세자가 미쳤다고? 이해 안 된다! 그렇다고 아들을 뒤주 속에 굶겨 죽여? 역사서에 한정된 단초들만 가지고는 도저히 이해가 안 된다.

만약?

→ 사도세자에게 신기가 있었고, 신병을 앓고 있었다면?

"아바마마… 제 신기를 단절하는 유일한 방법이옵니다… 제가 그리하지 않으면 세손에게까지 부정한 기운이 간다 하옵니다… 통촉하여 주시옵소서…"

"진정 그 방법밖에 없다더냐… 그리하면 진정, 세자 너의 몸이 정상으로 돌아온다 하더냐?"

"소자. 아바마마께 약조 드리옵니다. 뒤주에 들어가 신기를 물리치고 나와 반드시 이 나라 조선의 성군이 될 것이옵니다…"

그렇다면!

→ 영조는 무죄다… 사도세자가 스스로 죽음을 선택했고 뒤주 또한 세자가 선택했다면? 영조는 아들의 죽음을 막지 못한 자책으로 평생 고통스러웠을 한 많은 가엾은 아버지일 수도…

그리고 세자 곁에 신녀의 딸이 있었다!

→ 신녀? 요녀라고! 삼국시대 무녀는 국가를 지배하는 최고 권력층이었다. 드라마의 한 상상 속 인물일지라도 '미실'을 보면 왕과의 결혼을 선택할 수 있고 왕을 움직일 수 있는 막강한 파워 우먼이었다. 그러나 조선시대 무녀들은 공노비 출신

들이 들어가는 궁조차 들어갈 수 없는 천민계층으로 전락했다. 하지만 신녀에 대해 혹세무민하는 요녀라 치부하며 억압했으면서도 세금을 부과하는 조선시대 몇 안 되는 전문 직업군으로 인정하고 있다. 뿐만 아니라 궁궐 안에 성수청이라는 공식적인 신녀조직을 운영하며 국가제례를 담당케 하여 최고 권력 구조에 편입시켜 놓았다. 여기, 사도세자와 같은 날 태어나 운명적으로 연결된 신녀가 있다면… 이를 다시 한 번 요약 정리하면.

18세기 조선에,

- 누구나 사랑할 수 있는 남자와 누구도 사랑할 수 없는 여자가 있었다.
- 왕세자 나이 열여섯… 운명처럼 사랑에 빠졌다.
- 궁녀인 줄 알았던 그녀가 신녀의 딸임이 발각돼 사라졌다.
- 그녀를 살리기 위해 세자의 자리를 포기한 남자.
- 세자를 지키기 위해 신녀가 된 여자.
- 왕세자와 신녀의 불꽃같은 사랑이야기로 풀기로 했다.

2) 천의소감 이야기를 한 줄 문장으로 표현하면?

앞서 이야기를 시작할 때 뭔가 새로운 아이디어가 떠오르면 그 아이디어를 기반으로 수많은 생각들이 오가면서 한 줄 주제(로그라인)로 정리되었을 때 비로소 이야기의 일관성을 유지할 수 있다고 했다. 〈천의소감〉의 로그라인은 어떻게 잡을 것인가 고민한 결과 두 가지로 압축되었다.

1. 무병에 걸린 사도세자와 천신녀의 운명적 사랑이야기(멜로 드라마?)
2. 무병에 걸린 사도세자를 살리고자 했던 영조 이야기(아버지와 아들의 애끓는 부정 이야기?)

우리는 "무병에 걸린 사도세자를 살리고자 했던 영조이야기", 메인 스토리 라인은 아버지와 아들의 애끓는 부정 이야기로, 서브 스토리라인에는 사도세자와 친신녀와의 운명적 사랑을 배치하기로 했다.

3) 사실(fact) 근거와 창조적 상상력으로 타인을 설득하라

당신이 궁금한 이야기에 파워를 불어넣는 과정이다. 특히 사극의 경우 역사적 사실을 근거로 이야기를 풀어가지만 작가적 상상력이 종종 '역사 왜곡' 논란의 중심에 휩싸일 때가 많다.

〈천의소감〉의 경우 조선시대 왕세자가 무병이라니… 이해 못할 수도 아니 이해조차 안 될 수도 있는 대단히 민감한 이야기이다. 조선왕조실록이나 그 시대 문헌들을 찾아내 상상력의 근거를 검증하는 과정이 반드시 필요하다.

무녀 역시 예지적인 능력을 타고나 무무도(굿)를 통해 신과 소

통하는 여성으로, 왕세자와의 금지된 사랑의 주인공이지만 인간
문화재 무무도 전승 춤꾼들의 취재를 통해 예술적 경지의 다양한
무무도를 선보여 볼거리를 풍성하게 해 준다.

비운의 왕세자, 사도세자! 누구나 다 아는 이야기를 '영웅사주를 타고 난 불굴의 왕세자!'로 뒤집다!

조선왕조 5백년 역사 전대미문의 사건! 서기 1762년, 창경궁 뜰
안에서 일국의 왕세자가 한여름 폭염 속에서 비참하게 죽었다. 좁
은 쌀뒤주 속에서 8일 밤낮을 물 한 모금 못 먹고, 사도세자는 그
렇게 비참하게 죽어갔다. 그런데 그 왕세자를 죽인 사람이 아버지
인 조선의 왕 영조였다. 거기에 더 놀라운 사실은 사도세자를 죽
음으로 몰아넣은 이가 다름 아닌 어머니 영빈 이씨였고, 사도세자
정빈 혜경궁 홍씨 역시 동의했다.

영조 38년(1762년). 한번 나경언이 고변한 후부터 임금이 폐하
기로 결심하였으나 차마 말을 꺼내지 못하였는데 갑자기 유언비
어가 안에서부터 일어나서 임금의 마음이 놀랐다. 차마 들을 수
없는 전교를 내려 자결할 것을 재촉하니… 임금이 이어서 폐하
여 서인을 삼는다는 명을 내렸다… 임금의 전교는 더욱 엄해지고
영빈이 고한 바를 대략 진술하였는데, 영빈은 바로 세자의 탄생
모 이씨로서 임금에게 밀고한 자였다. 실록에 근거하면, 분명 인
간이기를 포기한 사람들이다. 그런데 자꾸만 묻고 싶다. 왜 그랬
냐고… 진짜 그랬냐고… 이해하고 싶다. 사도세자를 죽음으로 몰
았던 왕과 왕비, 세자빈이 아니라 아들을 살리고자 했던 아버지
와 어머니로, 아내로, 인간의 힘으로 안 되면 신의 힘을 빌려서라

도… 그래서 가설을 세워 보기로 했다.

　제1 가설 : 사도세자는 신병을 앓고 있었다.
　제2 가설 : 스스로 뒤주 속에 갇혀 아사한다. (불가에서 아사는
　　모든 업장을 소멸한다.)

　"사도세자는 자신의 죽음으로 아들 정조에게 대물림되는 신기를 막고 신하들에게 공격 받는 영조를 살렸다."
　외국에선 신기가 있는 사주가 영웅사주라 하여 최고의 사주로 친단다. 하지만, 한국에서의 '신기'는 누구나 피하고 싶은 천형의 '끼'. 하물며 18세기 조선시대, 그것도 왕세자에게? 많은 논란과 비난이 예상되는 바다.
　보고자 하면 보이는 법이다. 역사 실록 속에 살짝살짝 내비치고 있는 기록적 토대와 가설을 엮어 사도세자에 대한 역사적 재해석을 해 보고자 한다.

가설의 단초들

　부모와 며느리까지 합심해서 아들을 죽였다! 그런데 왜 왕세자를 쌀 뒤주 속에 가둬 굶어죽게 하는 극단적인 방법을 택했을까? 아들을 죽여야만 하는 이유가 있다면 사약을 내린다든지, 아니면 독살을 한다든가, 왕족의 품위를 유지하면서 죽일 수 있는 방법은 많은데 왜 하필 뒤주였을까? 또 한 가지 주목을 끄는 점은 그 뒤주가 있었던 곳은 창경궁 최고의 명당자리였다. 이 이야기는 이 의문점에서부터 시작된다.

조선왕조실록에 의하면 사도세자는 태어나면서부터 창경궁 내 저승각에서 100일 동안 부모와 떨어져 보모와 함께 지냈다. 의대증에 걸려 옷 입기를 거부했다. 우울증에 시달렸다.

　왕자까지 낳은 애첩 빙애(경빈 박씨)를 때려 죽였다. 오늘날, 일각에서는 이런 광기 어린 기이한 행동들은 그가 미쳤기 때문이라 한다. 또 다른 일각에서는 소론과 노론의 당쟁의 빌미가 되어 정치적 희생물이 되었다고도 한다. 하지만 만약, 이 모든 행동들이 타고난 신기를 다스리지 못한 신병 때문이었다면? 그 근거를 영조실록에서 찾아 유추 해석을 해 본다.

【 영조38년 (1762년)

　세자가 울면서 대답하기를 "이는 과연 신의 본래 있었던 화증(火症)입니다." 하매, 임금이 말하기를 "차라리 발광(發狂)을 하는 것이 어찌 낫지 않겠는가?" 하고 물러가기를 명하니, 세자가 밖으로 나와 금천교 위에서 대죄하였다…

　윤5월 13일, 세자는 천자(天資)가 탁월하여 임금이 매우 사랑하였는데, 대리한 후부터 질병이 생겨 천성을 잃었다. 처음에는 대단치 않았기 때문에 신민(臣民)들이 낫기를 바랐다. 영조 33년 이후부터 병의 증세가 더욱 심해져서 병이 발작할 때에는 궁비(宮婢)와 환시(宦侍)를 죽이고, 죽인 후에는 문득 후회하곤 하였다. 임금이 매양 엄한 하교로 절실하게 책망하니, 세자가 의구심에서 질병이 더하게 되었다. 】

　신병은 인간의 힘으로 제어할 수 없는 불가사의한 행동을 한다.

이럴 때 보통 무가에서는 내림굿을 받거나 아니면 신기를 누르는 눌림굿을 받으라 권한다. 하지만 조선시대 왕세자의 신분으로 내림굿이나 눌림굿을 받을 수 없었을 것이다. 당시, 무녀를 요녀라 칭하며 무녀의 폐해에 대해 단호하게 대처한 기록도 있다.

【 영조 34년(1758)

5월 18일에 명하여 어사 이경옥을 황해도에 보내어 요녀(妖女)를 효시(梟示)하게 하였다. 이때 황해도 금천, 평산, 신계에 요녀 네 명이 있어 스스로 생불(生佛)이라고 일컬으면서 어리석은 백성을 현혹시키자, 사람들이 모두 무당을 배척하고 이를 몹시 지나치게 믿어서, 무녀의 기용(器用)을 헐값으로 주전소에 팔아 치운 것이 거의 만 냥의 재물에 이르렀고, 요녀의 한마디 말이 능히 일도(一道)로 하여금 쏠리게 하였으니, 그 선동에 현혹됨을 알 만하였다. 】

그래서 신병을 잃고 있던 사도세자에게 무속적인 치유가 불가능했다면 점점 광폭해져 갔을 그의 기이한 행동들에 설득력이 생긴다. 만약 이 신기를 금기시하지 않고 맑은 영혼의 소유자가 지닌 예지와 직관의 능력으로 인정하고 키웠다면, 사도세자는 비극의 왕세자가 아닌 혜안이 있는 성군으로 역사에 기록될 수도 있지 않았을까?

하지만, 그 금기를 깨고 받아들이기에는 왕도 왕세자도 역부족이었다. 결국 미치광이 세자로 낙인이 찍힌 사도세자는 최후의 결단을 내리고, 어머니와 아버지에게 도움을 청한다. "자신을 옻칠을 한 뒤주 속에 가두라."고… 그것이 자신의 신기를 잡고, 미치광이 아들을 벌함으로 대소신료들의 입을 막을 수 있는 유일한 방법이라고… 영조와 영빈이씨는 아들을 믿었다. 신기가 있는 아들이 살 수 있는 유일한 길이라기에… 그러나 사도세자는 죽는 길을 택했다. 굶어죽은 자는 업이 끊긴다고 하지 않는가. 사랑하는 신녀를 살리고 아들 정조에게 대물림 되는 것을 막기 위해… 그리고 아버지 영조에게 왕권 강화의 명분을 주기 위해.

이제, 뒤주에 대한 의문도, 아들을 죽인 비정한 부모의 혐의도 풀린다. 본 이야기는 이러한 시각으로 사도세자를 재조명해 보려고 한다.

또 다른 이야기의 한 축엔 사도세자의 운명적 여인이 있다(창조적 상상력).

사대부의 핏줄이었지만 무녀가 된 여인, 내림굿을 거부, 신에 맞섰고, 무녀의 딸로 사도세자를 사랑해 조선의 신분제도에 맞섰다. 하지만, 사랑하는 남자를 위해 내림굿을 받아 금기의 천형을 받아들인 불꽃같은 여자. 하야. 그녀를 통해 비천했지만 때론 화려하고 신비로운 조선시대 무녀들의 가려졌던 삶이 펼쳐진다.

4) 자료조사와 취재

본인이 하고 싶은 새로운 이야기의 발상을 실현시키기 위해 그동안 사도세자와 관련된 영화나 드라마, 소설문학 등에서 방영 혹은 출간된 적이 있는지. 있다면 그 이야기와 본인의 이야기가 어떤 차별점을 갖는지 비교 검토하는 것이 기본이다.

필자가 〈천의소감〉 이야기를 시작할 무렵 kbs에서 윤선주 작가가 드라마 〈비밀의 문〉을 집필 중이었고, 이준익 감독의 〈사도〉가 촬영 준비 중에 있다는 소문들이 무성했지만 집필을 중단할 수가 없었다. 결과적으로 개봉된 영화나 방영된 드라마와는 전혀 다른 색의 스토리텔링을 완성할 수 있었다.

5) 윤선주 작가의 〈비밀의 문〉 분석

승자의 기록을 뒤집은 역사적 재해석

2014년 9월 22일(월)부터 12월 9일(화)까지 24부작으로 방영된 sbs 드라마 〈비밀의 문— 의궤 살인사건〉은 역사적 사실(fact)에 근거한 씨줄과 작가의 상상적 날줄로 구성된 치밀한 서사구조를 갖추고 있다.

무엇보다 놀라운 것은 조선왕조실록이나 영·정조실록, 승정원일기, 한중록 속에 기록된 역사적 사건을 불러와 기록의 횡간을 읽어내는 촉이 남다르다는 점이다. 드라마 속에 등장하는 나주벽서사건, 과거부정사건, 동궁전 지하서고 발각사건, 임오화변 모두 실록에 기록된 사건들이다. 각각의 사건들은 영조와 세자의 갈등으로 증폭되고 그는 곧 노론과 소론의 권력투쟁으로 연결되는 구조인데, 똑같은 사건을 패자의 입장에서 재해석함으로써 사도세자와 영조 이야기를 새롭게 탄생시켰다. 뿐만 아니라 승자의 입장을 긍정적이고 적극적으로 강화시켜 설득력과 공감을 얻어내고 있다. 이는 역사왜곡 논란을 비껴가는 작가의 상업적 작술이 아니라, 승자의 기록 문화를 인정하고 사관의 진실성을 존중해 주는 작가의 역사관을 엿볼 수 있는 대목이다. 철저한 자료조사와 사료검증, 역사 속 인물들에 대한 무한한 애정을 바탕으로 한 상상력으로 작가는 〈비밀의 문〉을 통해 사도세자의 억울한 죽음과 비정한 아버지라는 역사적 낙인이 찍힌 영조를 이해(구제)하고자 작정한 듯 보인다.

본 드라마의 기획의도를 살펴보면, 영조실록은 '15세에 대리청정을 시작하여 28세에 이르기까지 정사를 무리 없이 끌고 갔을 뿐아니라 백성을 위한 어진 정책을 기획, 시행하기도 했던 훌륭한 왕재(王材)'로, 아들 정조가 지은 어제장헌대왕지문(일종의 추도문)에서는 '효종의 뜻을 이어 북벌의 꿈을 품었으며 이를 실현하기 위해 친히 〈무기신식〉이라는 병법서를 지을 만큼 무재가 뛰어났을 뿐 아니라 애민하는 마음조차 깊어 성군의 자질이 충분했던이'로 기록하고 있다. 드라마는 후자 쪽 기록에 무게를 둔다고 밝히고 있다. (sbs 비밀의 문 인터넷 카페에서)

작가는 승자가 남긴 적지 않은 사도세자의 부정적인 기록 중에서 영·정조시대의 사료들 중 사도세자의 긍정적인 평가 자료를 찾아냈다. 보고 싶은 자만이 찾아낼 수 있는 그 역사적 횡간을 근거로 비극의 왕세자 사도세자를 252년 만에 부활시킨다.

승자의 기록에서 누구를 어떻게 뒤집었나?

【 조선왕조 5백년 역사 전대미문의 사건! 서기 1762년, 창경궁 뜰 안, 일국의 왕세자가 한여름 폭염 속에서 비참하게 죽었다.

좁은 쌀뒤주 속에서 8일간 밤낮을 물 한 모금 못 먹고, 사도세자는 그렇게 비참하게 죽어갔다. 그런데 그 왕세자를 죽인 사람이 아버지인 조선의 왕 영조였고, 사도세자 정빈 혜경궁 홍씨 역시 동의했다. 】

위의 이야기가 그동안 우리가 알고 있는 영조와 사도세자의 이야기다. 그런데 윤선주 작가는,

첫째, 비운의 왕세자 사도세자! 누구나 다 아는 이야기를 '공평한 세상을 꿈꾸는 통치이념이 확실한 왕세자!'로 뒤집는다.
둘째, 아들을 죽인 비정한 아버지 영조! 신하들에 의해 선택된 힘없는 국왕으로, 아들을 살리려고 무던히도 애썼던 가엾은 아비로 뒤집는다.
셋째, '흉악한 병에 걸린 광인(狂人)'으로, 사도세자의 비극적인 죽음이 정당하였음을 내비쳤던 한중록의 저자 혜경궁 홍씨 역시 왕세자가 위기에 처할 때마다 그의 편에 서 기지를 발휘하는 지혜로운 세자빈으로, 이선의 공평한 세상을 꿈꾸는 통치이념에는 동의할 수 없지만 폐위가 되고 위리안치되어도 그 길을 함께 하겠다는 의리 있는 정빈으로 뒤집는다.

플롯과 캐릭터의 힘으로 열린 비밀의 문

▷ 〈맹의〉에 수결한 택군 영조의 권좌 지키기에 맞선 이선의 왕세자 성장기

두 명의 주인공 영조와 세자 이선 중 기존의 사극에서 사도세자를 주인공으로 전면에 내세운 드라마가 없었다는 점(물론 드라마 '무사 백동수'에서 사도세자가 뒤주 속에서 죽은 것이 아니라 살아 있다는 설정으로 등장하기는 하지만 서브스토리에 불과)에서 필자는 이제훈 역의 세자 이선에 비중을 실어 논평하고자 한다.

본 드라마는 30년 전 영조가 노론의 겁박을 받으며 살아남기 위해 맹의에 수결하는 장면으로부터 시작이 된다. 영조가 자신이 왕위에 오르기 위해 경종을 독살했다는 그간의 야사를 안방으로 불러와, 영조의 왕위 승계 과정의 불법과 탈법, 그리고 승자의 역사 왜곡을 전면에 부각시키는 대범한 문제 제기를 한다. 이어 예진화사 신홍복과 허정운, 강필재 등의 궁중 연쇄살인사건이 발생하고, 그 살인사건의 배후를 추적하는 최일선에 왕세자 이선을 배치해 사극사상 최초로 사도세자를 주인공으로 내세운 드라마가 자연스럽게 탄생한다.

예진화사 신홍복 살해사건의 진실을 밝히려는 자와 은폐하려는 자 그 중심에 이선과 영조를 세우고, 추리극 형식으로 시청자들을 유인한다. 영조와 왕세자 이선의 갈등의 시작점이자 영조와 노론의 비정상적인 군신 관계가 드러나는 시발점으로 시청자의 흥미와 호기심을 자극하는 궁중 연쇄살인사건은 왕세자 이선을 살해 용의자로 몰아 투옥까지 시키는 데까지 몰고 간다.

연쇄살인사건의 배후를 추적하는 일을 포기할 수 없었던 이선은 결국 그 배후에 아버지 영조와 노론세력들이 있음을 알게 된다. 도대체 왜? 그 이유가 맹의에 있음 또한 알게 된다.

드디어 이선은 비밀의 문 안에 성큼 들어선다. 드라마 14부에서 맹의를 손에 넣고 "아버지, 당신은 이제 나의 정적입니다." "죽이는 정치가 아니라 살리는 정치, 정쟁이 아니라 진짜 정치를 하겠다."는 왕세자로서의 정치신념을 밝히면서 영조와 이선의 갈등이 이전의 갈등과는 다른 양상을 보이기 시작한다. 대리청정이 백지화되고, 왕세자의 권한을 모두 빼앗긴 이선, 왕세자의 운명이 바뀌기 시작하는 지점이다.

그 후 3년, 영조 친정체제가 유지되는 동안 이선은 지하서고를 만들어 그 안에서 각종 새로운 서적들을 공부하고, 〈무기신식〉이라는 병법서를 써 북벌을 계획하면서 훗날 자신만의 조선을 만들겠다는 권력의지를 키운다.

17회—18회에서 김택을 제거하는 데 성공한 이선은 다시 대리청정 왕세자의 자리로 복귀한다. 서사구조상 반전이다.

대리청정 왕세자는 장내관의 동생, 장동기의 과거 대필 구속 에피소드를 통해 평민도 과거시험을 볼 수 있는 기회를 만들고, 평민들이 대거 급제를 하는 쾌거를 이루지만, 정국은 발칵 뒤집힌다. 이 사건은 공평한 세상을 꿈꾸는 세자의 통치이념이 공식적으로 드러나고, 노론의 정적이 된 이선의 비극적인 앞날을 예고는 복선이다.

이후 왕세자가 크게 변한다. 이선의 변화는 운명이 바뀌기 시작한 지점부터 시작이 되지만 그 절정은 비선조직인 관서비밀서재를 운용하면서 당시 조선의 신분제도에 억눌린 민중들의 삶과 그것을 극복하려는 젊은이들과 새로운 조선을 준비하는 데 있다. 물론 관서비밀서재는 왕세자 이선이 역모의 죄인으로 운명이 바뀐 임오화변(사도세자의 죽음)에 이르게 하는 대미의 장치이다. 사건과 갈등이 증폭되고 해결되는 과정에서 이선은 순진한 정치인에서 새 조선건국이라는 신념 있는 군주로 성장하며 캐릭터의 일관성을 유지한다.

▷ 왕의 민낯을 드러낸 영조

영조의 평생 콤플렉스 두 가지. 하나는 경종을 독살하고 왕이 되었다는 왕위계승의 불법성과, 또 하나는 천민출신 무수리의 아들이라는 점이었다. 본 드라마에서는 이 두 가지를 적극 수용, 영조의 캐릭터를 복합적이고 입체적으로 그리고 있다. 특히 노론에 의해 택군된 왕으로, 노론의 좌장 김택에 조롱당하고 겁박당하는 비굴한 영조의 모습은 사뭇 충격적이고 한석규씨의 열연으로 기존 사극과는 차별화된 왕의 캐릭터를 완성한다. 살기 위해서 경종 독살에 가담하고 맹의에 수결할 수밖에 없었던 영조가 30년 권좌를 유지해온 방식은 시시때때로 선위하겠다는 공갈포를 날리거나, 때로는 눈물로 읍소하거나, 때로는 칼을 휘두르는 것이었다.

맹의에 수결한 그날부터 왕의 권력을 무력화 시키고 왕을 조정하는 노론들, 그들의 손에서 벗어나고자 무던히도 노력하는 과정의 가장 큰 피해자가 바로 아들 이선임을 잘 알고 있는 영조. 순진하고 착한 효자, 사람 잘 믿고 자신의 속내를 감출 줄 모르는 천진난만한 후계자 이선이 신홍복 살인사건의 진실을 밝히겠다고 나설 때부터 내심 불안했다. 자살로 막을 내렸어야 했는데… 맹의는 아비의 치욕이자 노론들의 역모 증좌다. 세자가 아비의 치욕을 알게 되는 것도 두렵지만 그보다는 세자가 노론의 정적이 되는 것을 막기 위함이다. 왕세자를 살해용의자로 몰아 옥방에 가두기도 하고, 대리청정을 백지화시켜 동궁전에 유폐시키기도 하고, 세자 편에 선 충신들을 죽여가면서까지 아들을 노론세력들로부터 보호하려 애쓰는 인물이기기에 기존의 드라마에서는 볼 수 없었던 거칠고 감정적인 왕의 민낯을 그대로 드러내는 캐릭터여야만 했다. 특히 영조캐릭터는 실록에 나와 있는 영조의 언행을 연구 분석한 결과 재창조된 인물이라는 점에서 의미가 크다.

▷ 왕에게 하대를 하고 눈을 부릅뜨는 신하 김택

본 드라마에는 4부류의 신하가 등장하는데 왕권보다 위에 있는 권력자 김택과 김상로, 홍계희로 대변되는 노론, 소론을 대변하는 이종성과 조재호. 그리고 정파에 휘둘리지 않는 박문수와 체제공이다. 그중 가장 오만방자한 캐릭터는 김택이다. 그는 두 눈 부릅뜨고 왕을 겁박하는 것은 물론 심지어 하대까지 하는 캐릭터로 그려진다. 기존 사극 어디에서도 왕의 면전에서 하대로 맞대응한 영의정은 없었다.

작가는 택군의 의미(신하가 왕을 결정하는 것)를 강조하기 위해 영의정 캐릭터에게 왕과의 대화에서 반말 투의 대사를 주는 과감하고도 충격적인 시도를 했다. 왕을 만든 사람들의 무소불위(無所不爲) 권력이 얼마나 오만방자한 것인지 드라마를 보는 내내 연기자 김창환이 거슬렸으니 작가의 의도는 잘 전달된 듯하다.

6) 드라마 속에 감추어진 또 다른 심층

아버지와 아들의 부정(父情) ; 기성세대에 대한 절망과 희망

본 드라마의 스토리라인은 크게 두 줄기다. 왕과 왕세자(영조와 이선)의 정치이야기와 아버지와 아들의 부정이야기인데, 가족 간의 사랑은 보통 윗사람이 아랫사람을 보듬는 내리사랑이라 말한다. 그런데 본 드라마는 아들이 아버지를 더 이해하고 보듬어 안는 역내리사랑을 보여준다.

영조와 이선 외에 세 쌍의 부모자식 관계가 나오는데, 최고 권력자와 서자(김택과 김무), 노론의 아버지와 아들(민백상과 민유섭), 세책방집 딸 서지담과 그의 아버지이다.

김택은 정치적 목적을 위해 자신의 서자 김무에게 청부살인을 지시하고 끝내 아들을 죽음에 이르게 하는 야비하고 독한 아버지이다. 그럼에도 아들 김무는, 자신을 자식으로 인정한 것이 아니라 잔정이 약한 천한 것으로 여기는 김택의 속내를 알면서도 아버지를 지키기 위해 자신의 목숨을 내놓는다. 나아가 민백상과 서지담의 아버지는 자식으로 인해 변화해 정의를 위해 목숨까지 내놓는 데까지 확장시킨다. 이는 기성세대에 대한 절망과 희망을 동시에 보여주는 것이기도 하지만 부모세대에게 받는 것이 당연시 되는 요즘 세태에 젊은 세대가 한 번쯤 되새겨 봐야 하는 대목으로 작가의 인생관이 엿보인다.

멜로라인을 배제한 정치적 동반자, 여성에게서 정의를 구한다.

신홍복 살해 현장의 유일한 목격자인 서지담의 활약으로 이선은 좌절을 딛고 미래를 향한 꿈을 세우고 실천하는 왕세자로 성장을 한다. 여기에서 주목할 점은 진실을 밝히기 위해 목숨을 건 사람은 양반도 상민도 아닌 중인계급의 전문직 여성(소설가)이라는 점이다.

작가는 영조시대가 지적인 신흥귀족계급 등이 부상하는 사회문화적 부흥기였다는 점 또한 간과하지 않는다. 조선 사회의 문화적 분석 위에 시대를 반영한 서지담 인물을 창조해냈고, 이선의 좌절과 포기를 희망으로 변화시키는 견인 역할을 서지담에게 준 것은 여성에게서 희망과 미래를 보고 있는, 작가의 여성주의적 시각을 엿볼 수 있다.

여담이지만, 빙애는 사도세자가 가장 사랑했던 후궁으로 사도세자의 손에 죽임을 당한 여인으로 알려져 있기도 하다. 작가가 입궁한 서지담에게 빙애라는 이름을 준 것은 남녀 간의 멜로를 배제하면서 정치적 동반자 개념을 우위에 두긴 했지만, 그 기저에는 서지담이 사랑하는 여인이었음을 인정하는 작가의 복심을 감추는 장치가 아니었을까?

지밀상궁 최상궁 역시 세자 이선의 정책 지지자로 세자의 위험천만한 횡보에도 흔들림이 없다. 기존 사극에서 보여준 상궁이나 궁녀들의 기계적인 안주인 모시기에서 세자의 정치적 보완자로 지밀상궁의 위상을 높였다. 또 세자 이선의 인간적인 고뇌와 본심을 누구보다도 잘 이해하며 연민의 정으로 끌어 안는 어머니 같은 심리적 지지자로서의 최상궁을 통해 궁궐이 삭막한 곳만은 아니라는 것 또한 보여준다.

정빈 혜경궁 홍씨의 경우 냉철하고 현실주의적인 정치관을 가진 세자빈으로, 왕실 내명부의 체통과 권위를 지닌 지혜로운 여성으로 그리고 있다. 겉과 속이 같은 순진한 세자의 정치력을 보완

해주고, 시아버지 영조가 이선을 살해 용의자로 몰아 폐위 횡보에 아들(정조)을 앞세워 석고대죄하며 정면 돌파하는 승부사적 기질을 지닌 여장부, 소원 박씨가 무녀를 이용, 후사를 생산할 수 없다 소문을 퍼뜨려 정순황후 간택을 하도록 유인하는 지략가적인 면모까지 보여준다. 세자에게 없는 것을 정빈에게 모두 주어 세자 이선의 완벽한 정치 내조자로 그리고 있다는 점에서 작가가 여성에 힘을 실어준 것은 분명해 보인다.

물론 작가는 현실정치인이자 스승인 박문수에게도 실낱같은 희망을 내비친다. 진실을 밝히기 위해 수포교에서 살해 당한 신흥복 사체를 어정에 옮겨 놓은 이가 바로 박문수였지만 힘없고 빽 없는 자의 죽음 뒤에 숨겨진 불의를 발설하지 못하고, 진실이 무엇인지 묻는 이선에게조차 침묵한다. 결국 박문수는 비선조직인 검계 나철주와 손을 잡는데, 이는 불행히도 노론이 지배하고 있는 현실정치에는 미래가 없다는 것을 시사한다. 맹의의 진본을 손에 넣게 된 박문수는 영조에게 과거사를 청산하고 굴절된 역사를 바로 잡자고 충언하지만 결국 대의를 이루지 못하고 자살로 생을 마감한다.

암행어사로 상징화된 박문수가 사도세자의 스승으로, 무엇보다 역사의식이 투철한 충신으로 재인식되는 계기는 되었지만, 박문수의 자살은 미래의 희망이 아니라 절망과 좌절의 표상이다.

7) 그럼에도 불구하고 아쉬운 몇 가지들

첫째. 영조의 캐릭터가 〈뿌리 깊은 나무〉의 세종과 지극히 닮아 있다

는 점이다.

거기에 연기자 한석규 씨까지. 물론 〈뿌리 깊은 나무〉의 세종과 〈비밀의 문〉의 영조는 자세히 들여다보면 확연히 다르다. 그러나 시청자들은 식상하다는 느낌으로 받아들일 수 있는 여지가 많다. 만약 〈비밀의 문〉이 〈뿌리 깊은 나무〉보다 먼저 방영을 했더라면 판도는 달라졌을지도 모를 일이다. 시대를 앞선 통치이념으로 비극적 죽음으로 삶을 마감해야 했던 사도세자의 운명이 이번엔 시대를 너무 늦게 만나 시청자들에게 외면당했다는 점이 참으로 아이러니하다.

둘째, 미스터리 구성의 묘가 너무 어렵다.

왕위승계 과정에서의 불법과 탈법의 증좌이고, 영조의 치명적인 약점인 〈맹의〉를 설정했지만, 드라마 초반부터 맹의에 대한 설명을 충분히 하지 않고 있다. 궁금증 유발을 위한 미스터리 구성의 묘가 시청자들에게 피로감을 주는 자충수(自充手)가 된 격이다. 대한민국에서 드라마는 TV 대중 매체의 꽃이다. 방송 타겟이 불특정 다수라는 이야기다. 사극이 청장년층을 주요 타겟층으로 삼고 있다는 것을 전제한다 하더라도, 비밀의 문은 결코 편하게 보아지지 않는다. 도입부에서 영조가 겁박 당했던 상징적 영상, 연쇄살인사건의 배후와 그 살해 동기 퍼즐들이 8회에 와서야 영조와 박문수와의 대화에서 맞추어진다. 재미와 호기심 완급 조절의 실패.

또 6회—7회에서 허진웅이 죽으면서 남긴 유일한 단서, 〈화부타도)가 빈차도(의궤)를 의미하고, 능행 빈차도 안에 범인이 있다는 것을 추리해내는 이선의 행보도 쉽게 이해가 되지 않는다. 물론 11부에서 이선이 왕실서고로 달려가 의궤의 그림 속에 없는 사람, 곧 국왕, 자신의 아버지 영조를 찾아내는 것 역시 너무 어렵다. 미스터리 추적 과정이 작가만 알고 시청자는 이해 불가해 드라마의 집중도를 떨어뜨리고 있다. 반전에 반전을 반복하는 동안 미스터리의 극적 긴장감과 호기심을 유발시키기보다는 오히려 카타르시스를 방해하는 피로 요인만 가중된 셈이다.

셋째, 반전이 없는 식상한 결말이었다.

결말이 궁금하지 않은 드라마는 시청자들의 눈과 귀를 잡을 수 없다. 본 드라마는 누구나 이선이 죽는다는 것을 알고 있다. 작가는 사도세자를 공평한 세상을 꿈꾸는 이상주의적 통치이념을 지닌 역사의 패자, 역사의 희생양으로 이야기를 풀어왔기에 영조가 아들을 버릴 수밖에 없는 가엾은 아비라고 동정하고 공감하게는 만들었다. 그렇다고 예측된 결말을 향해 반전 없이 흘러가야만 했을까? 왜 영조는 조선의 왕세자를 뒤주 속에 가둬 굶겨 죽이는 방법을 택했을까? 그것도 창경궁에서 가장 볕이 잘 드는 명당자리에 뒤주를 갖다 놓고 말이다. 작가는 그 궁금증은 건드리지 않았다. 이선이 뒤주 속에 들어가는 장면을 클로즈업해서 장엄하게 그의 죽음을 마무리하고 만다.

만약 이선이 맹의의 진본을 획득하고 아버지 영조를 정적으로 선언한 이후(14부) 미래지향적인 왕재였음을 증명하기 위한 관서

서재운영 등의 이야기들을 조금 줄이고, 24회 마지막회에서 세자가 영조를 구하기 위해 나철주와 그 무리들을 죽이는 사건을 키워, 노론들이 이선을 미치광이로 몰았다면 어땠을까? '이선이 왕세자 시절 많은 사람들을 살해했다'는 승자의 기록을 역이용하면서 뒤주의 문제를 풀었더라면 새로운 결말을 낼 수도 있지 않았을까… 하는 아쉬움이 남는다.

끝으로 사극은 정치드라마로 오늘의 현실정치를 반추한다.

〈비밀의 문〉이 화제작이 되지 못했다는 것은 그만큼 국민들이 우리 현실정치에 무관심하다는 반증이 아닐까 생각해 본다. 사람답게 살고 싶다, 백성의 목숨을 귀히 여길 줄 아는 자만이 정치 할 자격이 있다는 작가의 항변도 공허한 메아리였고, 사도세자 죽음은 정의와 도덕적인 삶을 추구하는 삶은 허망하고 부질없는 짓이라는 것, 무엇보다 공평한 세상을 꿈꾼다는 것은 미친 짓이라는 것을 증명했고, 이는 우리 사회의 현주소, 절망과 좌절을 역설적으로 대변하고 있다. 그럼에도, 더 이상 보고 싶지도, 듣고 싶지도 않은 우리 정치사에 사도세자의 부활을 통해 다시 한 번 희망을 말하고 미래를 꿈꾸게 한 작가에게 박수를 보낸다.

필자가 쓰고자 하는 영조와 사도세자 이야기는 기존의 작가들이 썼던 이야기와 분명히 다르다. 그 이유는 이야기의 결말인 뒤주에 갇혀 죽게 만든 자가 영조가 아니라는 가설로 출발했기 때문이다. 그 이야기의 출발을 위해 기존에 방영된 드라마를 모니터,

분석했다. 필자의 이야기를 쓰기 위한 자료조사와 기본 스터디 자료를 다음과 같이 정리했다.

기본 스터디 자료

1. 조선왕조실록 /영·정조 시대를 중점적으로
2. 한중록
3. 영조, 사조세자, 정조와 관련된 문헌기록과 각종 서적, 영상자료
4. 무속에 관한 자료(무녀들의 삶, 무무도 등) 및 공연(현대 명무전 등)
5. 사도세자와 관련된 현장답사(경복궁과 창경궁, 화성… 태어난 곳과 자라난 곳, 죽음 의 장소, 능이 있는 곳.)
6. 기타 조선시대의 선비문화(왕과 신하의 권력구조), 왕실문화(세자 탄생에서 왕세자 교육방법, 왕세자 교우관계, 왕실행사 및 결혼 등등…), 궁녀들의 삶

플롯 —
시작과 중간과 결말 (사건 중심으로)

〈천의소감〉 사례의 경우 이야기의 시작점은 언제 어디서부터 시작할 것인지, 가야 할 목적지까지 장애요인은 어떠한 사건과 갈등을 거치는지 정리했다. 이야기 전체를 관통하는 사건은 세자의 무병발병이고 무병으로 인해 세자의 운명이 바뀌게 되는 과정을 영조실록에 기록된 대보단 사건, 나주벽서 사건, 토역병과 사건, 나병언 고변사건, 임오화변으로 엮어낸다. 각각의 사건들은 영조와 세자의 갈등으로 증폭되고 그는 곧 노론과 소론의 권력투쟁으로 연결되는 구조다.

1) 큰 사건

- ▶ 양위 사건
- ▶ 세자의 피정 → 하야와의 만남
- ▶ 세자궁의 피바람

▶ 조세 문제로 영조와 대립 → 세자의 근신

▶ 새 옷 입는 것을 유난히 싫어했던 세자, 의대증이 심해진다.

▶ 저승각 화재

▶ 궁 안의 연쇄 화재 사건 → 사도세자의 수사, 노론과 소론 각 각 행보들.

▶ 나주 벽서 사건 → 부자지간에 건널 수 없는 강을 건너다.

나주괘서사건(羅州掛書事件)은 조선 영조 31년(1755)에 윤지(尹志)가 나주 객사에 붙인 벽서와 관련하여 일어난 역모 사건이다. 나주벽서사 건(羅州壁書事件), 을해옥사(乙亥獄事), 윤지의 난(尹志一亂)이라고도 한다. 사건 수사에 소론이 연루되면서 노론이 득세하게 된다. 탕평책 의 균형이 깨어지는 것이다. 득세한 노론은 당시 대리청정하던 사도세 자에게 소론 잔당을 잡아들이라고 상소를 하자 노론과 사도세자의 균 열이 생긴다. 이 사건을 계기로 노론의 공세가 시작되고, 영조와 사도 세자의 불행한 결론으로 가는 길목의 시작이다.

▶ 나병언 고변 사건

▶ 관서 잠행

▶ 세자 처소에서 지하방 발견

▶ 빙애의 죽음 → 1761년

▶ 하야와의 사랑 / 하야가 무녀임을 알게 됨 / 하야가 궁에서 쫓겨남

▶ 하야와의 재회 / 사도세자의 지하방

▶ 사도세자 신기 발현 / 경연 때 영조와 언쟁… 평상시와 다르 게 영조의 의견을 반박하고 나섬

▶ 사도세자, 자신이 무병인 것을 알게 됨 / 맹인 점쟁이의 죽음

(※ 인물들이 무병의 비밀을 알게 되는 순서 : 홍봉한 → 세자빈(정성왕후한테 확인) → 영빈 이씨 → 영조 : 정한, 세자가 미쳤다고 함(정한의 배신) / 영조, 사도세자가 무병임을 알다. / 영조, 세자의 무병을 고치기 위해 뒤주에 가둠.)

1. 기 : 영조와 사도세자의 관계(신기 처음 보임)
아버지에 대한 의문과 반항심이 생기기 시작하는 사도세자.
한편, 그런 세자를 불안한 눈길로 보는 정성왕후. 과연 세자에겐 어떤 비밀이 숨겨져 있는 걸까?
☞ 제1 사건 (10살) : 영조의 양위 소동 → 세자의 공수사건 → 사관과 봉모부인의 죽음(세자의 공수사실을 아는 자를 없앰)
2. 승 : 사도세자의 신기 발현
그로부터 9년 후 세자 19살, 대리청정 5년째.
☞ 제2 사건 (19살) : 대리청정시작 / 대보단 사건 → 궁궐의 연쇄 화재(세자의 무병을 고치기 위한 방편)
3. 전 : 신병에 맞서는 사도세자
과연 자신이 신병임을 알 수 있을까?
☞ 제 3사건 : 영조와 세자의 정치적 갈등 극에 다다름. 나주 벽서사건 → 하야(무녀) 존재 발각 → 토역병과 사건 → 궁궐연쇄화재범으로 몰린 하야 → 세자 선원계 조직
☞ 제4 사건 : 점쟁이와 빙애의 죽음 → 세자 무병임을 알게 됨 → 세자의 강력한 지지자인 정성왕후의 죽음 → 나병언 고변사건

2) 이야기판을 짜다 (캐릭터 중심으로) : 주인공의 적과 동지 삼각구도

로버트 맥기(시나리오 닥터)가 얘기하는 이야기가 갖추어야 할
최소한의 조건은 첫째, 한 인물이 깨진 균형을 회복하기 위해 노
력해야 한다는 것이다. 이야기의 원동력을 만드는 것은 그 반대세
력의 힘, 즉 그 인물이 성취하고자 하는 것을 막는 힘이다. 인물의
욕망과 적대세력의 욕망 사이에서 끊임없이 대치하는 것, 그것이
바로 이야기의 재료이다. 적대자의 힘이 강할수록 주인공은 더 큰
곤경에 처하고 이야기는 살아난다. 영화 '스타워즈', '해리포터',
'타이타닉'에서처럼 뭔가를 강력히 이루고자 하는 주인공과 그것
을 방해하는 적대자 사이의 불꽃 튀는 경쟁이 이야기의 핵심이다.
이것이 관객들을 이야기에 끝까지 묶어 두는 강력한 힘이 되는 것
이다.

둘째는, 기대하게 하되 그 기대를 어긋나게 만드는 것이다. 관
객들은 어긋난 상황 을 맞추려고 앞, 뒤 상황을 생각하게 되므로
더 깊이 이야기에 빠져들게 되는 것이다.

【 등장인물 】

- 인물관계도

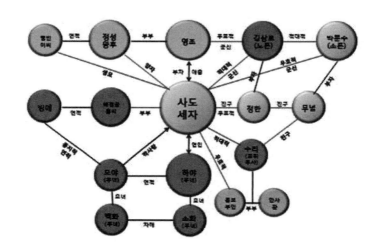

사도세자(10세/22세 → 27세)
조선 21대 임금, 영조의 아들, 휘는 선.

조선조에서 가장 큰 축복 속에 태어난 왕손이다. 후궁 영빈 이씨 소생이지만 그의 정통성을 더 굳건히 하기 위해 정성왕후의 호적에 입적되었고, 두 살 때 세자로 책봉돼 미래의 권좌를 예약했다. 천재다. 하나를 가르치면 열을 알았다. 왕손으로 타고난 카리스마와 당당함, 옳고 그름에 대한 자기주장이 분명하다. 자신의 생각을 직설적으로 말하는 당돌함이 있다. (아버지 영조에게 항상 정답을 말해야했던 선, 그래서 그는 어린 시절부터 정답을 찾기 위해 고민했고, 답을 이야기했을 때 아버지에게 칭찬을 받았다. 진실을 이야기하면 속내는 어떻든 칭찬을 했던 영조. 그래서 선은 자신의 생각을 말함에 거침이 없다.) 천성이 너그럽고 착하다. 하지만 고집이 세다. 마음먹은 일은 꼭 해야 하고 궁금한 것이 있으면 끝까지 알아내야 하는 집요함이 있다.

두 살 때 천자문 중 60여 자를 외웠을 정도로 총명함과 비범함이 있었고, 나이에 비해 조숙했다. 마흔 둘에 너무나 어렵게 본 아들이 이쁜 짓만 하니 영조는 너무 대견해 자랑에 여념이 없다. 거기에 자신이 낳지 않았지만 어떤 어미보다도 더 큰 사랑으로 세자를 품었던 정성왕후… 선은 어린 시절 행동 하나에도 칭찬과 귀염을 받으며 자란다.

넘치면 모자라느니만 못하다. 아버지 영조의 너무나 큰 기대와 사랑은 선에게 부담이 되고 벽이 되기 시작한다. 태생에 대한 콤플렉스 때문에 왕통을 보존해야 한다는 의지가 누구보다 강했던 영조. 아들을 조선조 최고의 성군으로 만들기 위해 엄격하게 제왕의 교육을 시켰다. 거기에 너무 일찍 정치판을 알게 했다. 자신의 왕권 강화를 위해, 조정에 분위기를 일신하고 정국의 주도권을 잡기 위해서 벌인 양위 파동… 선은 아버지와 신하들을 보면서 정치 세계의 비열함과 가식을 배운다. 점점 자신을 둘러싸고 있는 모든 것이 갑갑해졌다. 그것을 풀기 위해 시간이 날 때면 말을 달리고 목검을 휘둘렀다. 그 순간만큼은 아버지도, 이 답답한 궁도 잊을 수 있다.

반항심이 싹트기 시작하고… 그의 직격탄이 세어지면서 영조는 세자의 품성을 걱정한다. 점차 금이 가기 시작하는 부자… 그렇게 세월이 흘렀다.

세자 나이 22살…

차갑다. 말이 별로 없고 속내를 잘 드러내지 않는다. 15살 때부터 시작한 대리청정. 영조의 뜻에 따르고 자신의 의견을 내지 않는다. 그런 세자를 은근 조정 신료들은 무시하지만 가끔 툭 던지는 촌철살인과 같은 말에 영조가 윤허한 일을 끝까지 반대하는 돌발행동까지, 긴장을 늦출 수 없다.

권력욕이 강한 노론을 싫어하고, 아버지 영조에 대한 반항심이 크지만…

그는 발톱을 숨기고 사는 잠룡이 됐다. 선원계를 만들어 일성루라는 자신들만의 공간을 만들고 뜻을 같이하는 젊은 인재들과 자신이 통치할 조선에 대한 큰 그림을 그려가고 있다. 선원계원들과 함께 있을 때만큼은 달라진다. 마음이 넓고 밝은 모습이 된다. 그런데 어느 날부터 악몽을 꾸기 시작한다. 열 살 때 눈앞에 환영처럼 나타났던 경종과 역신들의 모습이 꿈속에서 그를 괴롭힌다. 점점 잠을 잘 수가 없다. 그리고 몸에 알 수 없는 열이 오르고, 온 몸이 아프다.

하지만 노론에게 어떤 빌미도 제공하면 안 되는 선이기에 그것을 감춘다. 그리고 새 옷을 입지 못하는 증세가 더욱 심해진다. 새 옷에 뭔가 붙어있는 것 같다. (이것은 10살 양위 파동 때 대죄하고 엎드려 있는데 흙비가 내렸다. 그 뒤로 새 옷을 입을 때마다 혹시 뭐가 있지 않나 입지 않으려는 의대증이 생겼다)

하야(10세/22— 27세) : 상상의 인물

본명은 '마음의 진언'이란 뜻의 하리나야. 사람들은 하야라고 부른다. 무녀 소화의 딸. 하지만 한 송이 백합같이 우아하고 단아한 외모와 부드럽지만 결코 함부로 할 수 없는 귀품 있는 분위기 때문에 사람들은 그녀를 어느 대갓집 규수인 줄 안다. 밝고 활동적인 성격. 매사에 분명하고, 불의를 보면 참지 못한다. 어린 시절부터 익힌 학문의 깊이는 웬만한 선비와 견줄 만하다. 여자로, 그것도 천민인 무당의 딸로 살기엔 너무나 아까운 인물이다. 천형처럼 지워진 무녀의 딸… 어린 시절부터 그 신기를 누르기 위해 어머니 소화는 누름굿을 해 주고 신당 근처에는 얼씬도 못하게 했다. 하지만 하야는 신을 향해 추는 무무의 모습에 매료된다. 소화 몰래 천수당에서 수련하는 수련생들의 무무를 따라해 보기도 한다. 차라리 이럴 바에는 자기도 운명을 거스르기보다는 그냥 신내림을 받고 무당의 길을 걷고 싶다. 하지만 하야는 효녀다. 어머니가 그렇게 반대하는 그 길… 너무나 힘들어서 안 되고, 너의 신력은 위험해서 안 되고… 수십 가지의 이유를 들어 자신을 막는 어머니의 말을 따른다. 그러다 알게 됐다. 출생의 비밀을. 하야의 생모 수련은 명문세도가의 딸이었다. 박문수의 첫사랑이었던 수련… 하지만 그녀는 노론의 세력가 가문으로 시집을 간다. 첫 아이를 임신한 어느 날 갑자기 수련에게 찾아온 신병. 소화는 하야 생모를 보고 눌림굿으로도 어쩔 수 없고 신을 받아야 한다고 말했다. 그 길로 생모는 집안에서 쫓겨났다. 당시 임신 6개월이었던 하야 생모. 스스로 목을 매지만 끈이 떨어져 실패한다. 강에 몸을 던졌지만 누군가가 구해준다. 결국 자신에게 신병이라고 예언했던 소화를 찾아간다. 아이가 태어나야 할 운명이기에 어미의 목숨까지 구했다는 소화의 말에 수련은 결국 아이를 낳기로 결심한다. 운명이기는 하지만 자신의 말 때문에 수련이 불행해진 것 같은 죄책감으로 소화는 수련을 돌봐준다. 하야를 낳고 수련은 다음날 소화에게 세 가지 부탁을 하고 숨을 거둔다. 만약 이 아이에게 신기가 있다면 소화의 힘으로 눌러 절대 무당이 되지 않게 해달라는 것. 신기가 없다면 집안에 데려다 주라는 것. 그리고 꼭 글을 가르쳐 달라는 것… 소화는 수련의 부탁대로 하야의 신기를 막으며 글을 가르쳤다. 생모의 유언대로 절대 무당이 되지 않겠다고 결심하는 하야. 그러다 운명의 상대인 사도세자를 만나면서 그녀는 불꽃 같은 삶을 살게 된다.

영조

조선 후기의 부흥을 이룩한 성군. 백성을 사랑하는 애민정신이 투철하고 검소했다. 탕평책으로 붕당의 폐해를 없애는 치적을 쌓았다. 왕으로서의 권위의식이 강하다. 자기 자신에게도 엄격함. 성격이 급하고 불같다. 화가 한 번 터지면 걷잡지 못한다. 그에겐 두 가지 콤플렉스가 있다. 무수리 출신인 숙빈 최씨의 아들이라는 출생의 콤플렉스와 형 경종을 죽이고 왕이 됐다는 정통성의 문제. 그것을 이겨내기 위해 무던히도 노력한다. 절제, 인내, 성실, 실력… 그리고 연기. 정치적 성실함, 절제된 사생활, 신하를 압도하는 학문적 실력과 탁월한 인내력… 거기에 정치적으로 밀린다고 생각하면 양위파동부터 단식투쟁에 눈물까지 이용하는 노련한 정치술로 왕권을 강화한다. 그리고 과거사를 다시 쓰려고 했다. 자신이 경종을 죽이지 않았다는 것⋯ 자신을 왕위에 올리기 위해 역적으로 몰려 죽은 신하들을 복원. 그것 때문에 사도세자와 갈등⋯ 나중에 아들과 대립하게 되는. 하지만 아들이 신병을 앓고 있다는 사실을 알고 어떡하든 아들을 살리기 위해 마지막 무리수까지 두게 된다. 처절한 부정을 보여주는⋯

〈천의소감〉 인물 구성은 크게 두 축으로, 한 축은 역사 속 실존 인물인 영조와 사도세자를 중심으로 한 소론 노론 정치인들, 또 다른 한 축은 허구적인 인물인 하야와 모야를 중심으로 한 소화 백화 무녀들로 설정했다.

위에서 소개된 영조와 사도세자 그리고 하야⋯ 이 세 명의 인물들을 소개 한 이유는 영조와 사도세자는 역사 속의 실존인물이고, 하야는 상상 속의 창조된 인물이기 때문이다.

그렇다고 영조와 사도세자를 100% 실존인물로 그린 것도 아니다. 분명히 밝힐 것은, 〈천의소감〉 속의 영조와 사도세자는 진실을 규명하는 다큐멘터리 주인공이 아니다. 다시 말하면 우리가 익히 알고 있는 사도세자와 영조를 불러와 역사 판타지 창작물인 〈천의소감〉 스토리를 이끌어가기 위해 만들어진 가공된 허구 속의 인물이라는 것이다.

글 쓰는 단계

위와 같은 과정을 거치면 본 이야기의 구조와 할 이야기들이 머릿속에 그려질 것이다. 이제 본격적으로 컴퓨터에 앉아 글쓰기 작업에 들어가면 된다.

요즘 스토리텔링의 대세는 소설, 드라마, 영화, 웹툰 등의 다양한 장르를 넘나들며 활용할 수 있는 OSMU 원소스 형식이다. 분량은 정해진 것은 없으나 대략 11포인트로 A4용지 60매 전후를 선호한다. 〈천의소감〉 분량도 11포인트 60매로 맞추었다(부록 첨부). 다만 줄거리 요약본을 쓸 때 사도세자를 아버지 영조가 죽인 것이 아니라는 사실을 부각시키기 위해 결론을 서두에 끌어왔다. 이야기의 흐름대로 따라가지 않고 독자들의 호기심을 유발하기 위한 방법이었다.

스토리텔링 이해를 위한 기본기

문화코드의 개념

1) 개념정의

문화란 사회 구성원에 의해 공유되는 지식·신념·행위의 총체. 영국의 인류학자 에드워드 버넷 타일러는 저서 〈원시문화 Primitive Culture〉(1871)의 서두에서 문화에 대해 다음과 같이 정의했다. "문화는 지식·신앙·예술·도덕·법률·관습 등 인간이 사회의 구성원으로서 획득한 능력 또는 습관의 총체이다." 이러한 개념 정의는 50여 년 간 인류학계에 큰 영향을 끼쳤으나 인류학의 발전과 더불어 문화의 정의는 더욱 다양해졌다. /culture, 文化|브리태니커

2) 문화코드란?

'특정 문화에 속한 사람들이 일정 대상에 부여하는 무의식적 의

미'로 정의(클로테르 라파이유 Clotaire Rapaille, 1941~, 커뮤니케이션북스)한다.

코드(code)라는 용어를 처음 사용한 사람은 소쉬르 (Ferdinand de Saussure)로, 소쉬르는 코드는 소통을 위한 기호체계, 간단히 말하자면 신호등 같은 것을 의미한다고 말했다. 다시 말하면 문화 코드에 있어 코드란 문화를 파악하고 읽을 수 있는 다양한 문화의 문을 여는 열쇠라고 할 수 있다.

〈예〉 우리나라 추석 때 송편을 먹는 것,
      미국의 추수감사절 때 칠면조를 먹는 것

※참고

송편은 원래 한자로 쓰면 '松 소나무 송, 餠 떡 병'이라 하여 송병이라고 한다. 발음이 좋지 않아 송편으로 불리게 되었다고 하기도 한다. 말 그대로 솔잎을 넣은 떡인데, 보통 송편의 모양은 반달모양이다. 이것은 한 해 농사한 곡식들을 잘 수확할 수 있게 해 준 조상님들께 감사를 드리는 마음과 새로운 한 해의 농사가 잘되길 기원하는 뜻이라고 한다. 반달모양의 송편을 올려 반달이 보름달로 변하는 것처럼 풍성하게 곡식들을 수확할 수 있길 바라는 마음이 들어가 있다고 한다.

루스 베네딕트(Ruth F. Benedict, 2008)는 "문화란 여러 부분의 단순한 집합이 아니라 이들의 독특한 상호 관계에 의한 통합체이며, 이러한 문화적 통합체는 각기 이상으로 하는 특유한 가치관념이나 인생관의 체계에 의해 관철되어 사람들의 행동을 규제한다.”고 설명한다.

그리고 클로테르 라파이유(Clotaire Rapaille, 2006)는 “코드는 무의식 속에 있고, 문화코드란 우리가 속한 문화를 통해 일정한 대상(자동차, 음식, 국가 등)에 부여하는 무의식적인 의미”라고 한다. 여러 가지 감정이 묶이면 각인되고 결합되어 정의(define) 된다고 설명한다.

문화코드와 스토리텔링

디지털 기술과 네트워크의 발전으로 세계 각국의 이야기를 쉽게 접할 수 있다. 스토리텔링을 통해 세계인들과 적극적이고 능동적인 소통을 할 수 있는 시대가 온 것이다. 같은 소재라 할지라도 각 나라마다 문화와 전통이 다르기 때문에 이야기의 색이 달라진다. 예를 들어 군대이야기를 한다 하더라도 우리는 징병제를, 미국의 경우는 모병제를 근간으로 한 군대이야기 때문에 다른 이야기가 펼쳐진다. 음식, 주택, 의복, 의식주 문화가 다르고 정서적 교감도 차이가 있기 때문에 같은 주제로 이야기를 한다 하더라도 전혀 다른 느낌으로 다가온다. 그럼에도 불구하고 스토리텔링의 힘은 어떻게 살 것인지 고민하고 갈등하는 인간의 삶을 그리고 있다는 점에 있다.

개인은 감성으로 문화코드를 파악한다. 기업가는 일차적으로 시장조사를 통해 문화코드를 파악한다. 소비자가 무엇을 필요로 하고 무엇을 선호하는지 파악해서 상품을 만든다. 대중에 의해 선택받지 못하는 상품은 생명력이 없다. 이것은 곧 상대방의 마음을 훔쳐 와야 한다는 의미다. 상대방의 마음을 훔칠 수 있는 방법은?
상대방을 잘 관찰하고 분석해야 가능한 일이다. 그러기 위해서는
개인이든 국가든 상대가 좋아하는 성향, 습관, 가치관, 관습 등의
문화코드를 아는 것이 기본이다.

한국사회의 문화코드

1) 문화코드의 분류

가정 — 개인의 습관, 가풍
대학교 — 학풍
직장 — 대기업, 중소기업, 비영리기관…
사회(국가) — 정체성, 국민성

2) 한국사회의 문화코드

그렇다면 한국사회의 문화코드는 어떻게 볼 수 있을까? 문화코드는 기본적으로 그 나라 국민들이 통시적, 공시적으로 공유해 온 역사, 문화, 관습 속에서 형성된다.

한국은 급속한 산업화, 민주화를 거쳐 현대에 이르렀다. 한강의 기적이라 일컬으며 세계 경제 10위권 안에 드는 급속한 경제발전의 음영이 1999년 IMF 구제 금융을 거치면서 빈부의 양극화, 개인주의와 가족주의 충돌로 인한 세대갈등의 문제로 대두되기 시작했다. 우리 사회의 전통적 가치관의 특징 중 하나는 가족중심주의와 연장자 우선 서열주의다. 유교 문화적 특징으로 나이와 계급에 따른 수직적 관계 질서가 일반적이었다. 그러나 현대에 이르러 개인의 자유와 행복을 추구하는 경향이 커지면서 사회 분위기가 많이 달라지고 있다.

스토리텔링 이해를 위한 영상용어

가제 : 일반적으로 대본을 쓰기 시작할 때 아직 결정되지 않은
　　상태. 제작과정 중에 쓰이는 임시제목.

각본 : 일반적으로 드라마는 대본, 영화대본은 시나리오, CM의
　　대본은 스토리 보드라고 한다.

각색(dramatization) : 소설, 수필, 회고록 등의 작품을 소재화
　　해서 영화 연극, 드라마의 대본으로 다시 쓰는 일. 오리지널
　　작품을 원작이라 한다.

시놉시스(synopsis) : 줄거리 개요. 기획의도 및 주제, 등장인
　　물, 줄거리 등이 들어간다.

시퀀스 (sequence) : 작은 에피소드

씬 : 드라마의 가장 작은 줄거리를 신(scean)이라 한다. 씬 속에
　　는 장면, 정경, 장소, 지문 등이 들어간다.

(E) EFFECT(효과음) : 등장인물은 보이지 않고 소리만 들리는
　　것

(F) FILTER(필터) : 필터를 거쳐 들어오는 소리. 마음속으로 하

는 말이나, 전화기에서 들려오는 소리

(N) NARRATION(나래이션) : 다큐멘터리 방식. 화면 밖에서의 화면 설명.

(OL) OVERLAP : 겹치다.

CREDIT(크레디트) : 영화 드라마 등의 제작자·출연자·협력자·자료 제공자 등의 리스트. 스텝 스크롤.

카메라 움직임

TU(Tilt Up) : 카메라가 밑에서부터 위로 움직이는 것

TD(Tilt Down) : 카메라가 위에서 아래로 움직이는 것

FS(Full Shot) : 전경. 전체를 한눈에 보여주는 것

부감(俯瞰) : 높은 곳에서 내려다 보는 화면

앙각(仰角) : 밑에서 위로 우러러 보는 화면

Tr(Tracking) : 이동하면서 찍은 화면

Dolly : 이동식 촬영기기. 카메라에 레일을 깔고 이동하며 찍는 것

Pan : 카메라가 좌우로 움직이며 찍는 것

ZI(Zoom In) : 카메라가 넓은 화면에서 물체 가까이로 움직여 들어가는 것

ZO(Zoom Out) : 카메라가 가까이에서 멀리 움직이는 것

화면구성

BS(Bust Shot) : 인물이 상반신에서 잘린 크기의 화면

KS(Knee Shot) : 무릎 선에서 잘린 크기의 화면

TS(Tight Shot) : 물체를 아주 가까이에서 잡은 화면

Fr.I (Frame In) : 사람이나 사물이 화면 안으로 들어오는 것

Fr.O (Frame Out) : 사람이나 사물이 화면 바깥으로 나가는 것

FI (Fade In) : 검은 바탕 화면에서 점점 밝아지는 것

FO (Fade Out) : 밝은 화면에서 점점 어두워져 검은 바탕의 화
면이 되는 것

Diss. (Dissolve) : 앞 장면과 뒷 장면이 겹쳐졌다가 앞 화면은
점점 없어지고 뒤 화면과 또렷이 나오는 것

음악

MR = Music Recording : 반주만 녹음

AR = Artist Recording : 노래까지 녹음. Lip Sync.용

대본약어

V = Visual : 시각적인 설명. 카메라에 잡히는 사물 설명

A = Audio : 청각적인 설명. 즉, 대사

기타

Situation Comedy : 일명 시트콤. 등장인물과 배경, 성격 등을
어느 정도 고정시켜 놓고 매회 극적인 상황을 통해 웃음을

연출하는 형태의 희극

Que Sheet : 촬영 순서가 '횟수, S#, D/N, P#, 장소, 출연자, 미술관계, 비교' 등의 형식으로 적혀있는 표. (S# = Scene Number, D/N = Day/Night, P# = Page Number. : 대본과 동일)

스토리텔링 성공사례 분석

영화와 스토리텔링의 이해 ; 〈대부〉 분석

영화와 스토리텔링의 이해
; 영화 〈대부〉 분석

원작/ 마리오 푸조의 소설 (Mario Puzo's The Godfather)

감독 / 프랜시스 포드 코폴라

주연 / 말론브란도, 알파치노

음악감독 / 리노 로타 〈길〉〈태양은 가득히〉〈로미오 줄리엣〉〈대부〉 등

주제 / 당신은 가족에게 최선을 다하기 위해 때때로 자기가 옳다고 생각하는 것을 희생해야 한다.

1) 〈대부〉의 핵심 스토리라인

마이클은 가족이 하던 마피아 비즈니스를 하지 않으려 거리를 두고 살아왔다. 그런데 마약사업을 거부한 아버지 돈 꼴레오네가 마약사업을 진행하려는 경쟁 마피아들에 의해 암살위기에 처하자, 솔로조와 맥컬스키 경감을 살해함으로서 경쟁 마피아조직을 응징하는 한편 아버지와 가족을 보호한다.

두 사람을 살해한 마이클은 시실리로 도피해 그곳에서 만난 아폴로니아와 결혼을 하게 되는데, 아버지 비즈니스 후계자였던 형 소니와 아내 아폴로니아가 상대 마피아 조직에 의해 피살되자 아버지 꼴레오네가 마약사업에 동참하겠다는 협상 조건을 걸어 마이클이 무사히 국내로 돌아올 수 있도록 한다.

미국으로 돌아온 마이클은 아버지를 대신해 마피아 비즈니스를 맡게 되면서 은밀하게 배신자 색출을 시작하고, 아버지 돈 꼴레오네의 죽음과 동시에 모든 외부의 배신자와 내부 배신자였던 매형까지 제거, 응징하면서 새로운 대부의 길로 들어선다.

2) 서사구조

이야기 구조를 만들 때 시작 — 중간 — 결말을 생각하고 그림을 그린다. 영화 대부는 시작 — 중간 — 결말을 가장 충실하게 보여주는 작품이다. 영화와 드라마를 공부하는 사람들은 물론 소설문학을 공부하는 사람들에게도 가장 기본적인 텍스트다.

▷ 시작 / 결혼식 시퀀스
대부의 성격, 등장인물들 소개, 총격전 암시.

▷ 중간 / 인과관계에 따라 갈등이 드러난다.
주인공의 운명이 바뀌기 직전 솔로조를 죽인 후 경쟁 마피아 조직을 피해 시실리에서 도피생활 중 형 소니가 죽고 아내가 죽고 아버지 꼴레오레에 의해 마피아 조직과 합의하는 과정에서 배신자가 누구인지 확실하게 알게 되고 마이클이 돌아와 대부가 된다.

▷ 해결 (결말)

마이클의 운명의 변화가 오고, 그것이 곧 또 다른 해결의 시작이다. 경쟁 마피아 조직을 죽이는 행동으로 마이클의 운명이 완전히 바뀌게 되고 배신했던 내부 동지들과 매형을 죽이는 것으로 마무리를 향해 간다.

3) 주요 사건

대부는 솔로조가 돈 꼴레오레를 죽이고 마약 거래를 시작하려 하는 것이 전체 플롯을 움직이는 하나의 극적 행동이다. 행동의 최초 동기는 스스로 시작하면서 다른 사건을 일으키는 것인데, 대부에서는 돈 꼴레오레가 총을 맞고 마이클이 아버지를 죽이려고 한 솔로조와 뉴욕 경찰간부를 죽이는 행동으로 이어진다. 아버지를 지키기 위해 살인까지 감행한 마이클의 운명이 바뀌게 되는 터닝 포인트 지점이다. 그때까지 마이클이 마피아 보스가 될 것인지에 대한 예측은 불가하다. 그런데 도피생활 중 형 소니가 비참하게 살해당하고, 마이클마저 제거하려던 버지니의 암살계획의 착오로 마이클 대신 아내 아폴로니아가 사망하게 된다. 마이클이 스스로 대부 후계자의 길로 접어들게 되도록 사건들이 증폭되어 관객들의 공감대를 형성하게 되는 것이다.

천의소감

전문

김선숙 이선희 공저

천의소감

이 이야기는 조선 21대왕 영조의 아들, 사도세자의 이야기를 새롭게 해석해 창작한 것이다.

조선 22대 왕, 정조가 보위에 오른 지 두해 째를 맞는 1777년 3월.

둥… 둥… 둥… 여명의 새벽을 가르는 북소리! 억울함을 풀어달라는 백성의 목소리인 신문고다. 이 태평성대에 웬 신문고인지, 투덜거리며 달려 나온 군졸들은 깜짝 놀라 그 앞에 선다. 혼신의 힘을 다해 북을 치고 있는 초로의 여인. 병사들이 지키고 있는 돈화문을 거쳐 여기 의금부 앞까지 오기란 웬만한 장정도 힘든데 노파가 그것도 이 새벽에 어떻게 올 수 있었을까? 군졸들이 여인을 둘러싼다.

"무슨 일이요?"

"나는 선왕 전하를 받든 성수청 국무요. 전하를 만나게 해주시오."

'국무'라는 말에 당황한 군졸들. 그럼 무당이잖아, 무당이 도성에 들어오면 잡아야 잖아… 수군거리는데 추상같은 목소리가 그들을 후려친다.

"내가 전하께 꼭 전해야 될 것이 있다. 한시라도 지체한다면 그 죄를 니놈들한테 물을 것이야."

정조는 자세 하나 흐트러지지 않게 절을 하는 모야를 본다. 15년 전, 성수청은 풍비박산이 났다. 그때 국무가 죽었다고 들었는데… 살아있다! '어떻게?'란 의문이 머릿속을 스치는 순간 모야가 품속에서 낡은 서책 한 권을 꺼내 앞에 놓고 엎드린다.

"오직 이것을 전하께 전하기 위해, 이 질긴 목숨 이어왔사옵니다."

내관이 가져다 준 서책을 펼치던 정조가 놀라 손길을 멈칫하며 모야를 본다. 고개를 끄덕이는 모야의 눈가에 눈물이 맺힌다.

"다들 물러가 있으라."

떨리는 목소리로 주위를 물리는 정조, 믿기지 않은 얼굴로 책장을 넘긴다. 그의 시선을 따라 누렇게 변색된 한지 위에 힘찬 필체가 살아 움직이기 시작한다.

"아니 되옵니다, 전하! 뜻을 거두어 주시옵소서!"
선원전(역대 임금의 초상이 봉안된 곳) 앞에 팽팽한 긴장감
이 흐른다. 북쪽을 향해 앉아있는 영조를 향해 대소 신료들
이 자리를 깔고 엎드려 읍소를 하고 있는 신료들. 그 제일 앞
자리에는 세자 선(사도세자)이 땅바닥에 거적을 깔고 엎드려
석고대죄를 하고 있다.
"조정의 뜻 하나 합하지 못하는 못난 임금이 어찌 용상의 자
리를 지킬 수 있단 말인가. 선왕께 과인의 잘못을 빌고 원
량에게 선위를 할 터이니 경들은 새 임금 맞을 준비나 하시
오."
영조의 결기에 찬 목소리가 쩌렁쩌렁 울린다.

때는 1744년, 조선은 중흥기를 맞고 있었다. 나약했던 왕, 경
종의 뒤를 이은 영조는 탕평책으로 붕당의 폐해를 없애며 왕
권을 강화시켰고 농사를 장려하고 빈민을 구제하며 백성들
의 삶을 살폈다. 성군으로 치적을 쌓아가던 그 때, 갑자기 세
자에게 양위(임금이 왕위를 물려주는 것)를 선언한 것이다.
왕이 왜 이런 극단적인 승부수를 띄우는지 너무 잘 알고 있
는 대신들.

"아니 되옵니다. 차라리 신을 죽여주시옵소서."
영의정 김재로의 읍소에 뒤이어 '죽여주시옵소서!'를 한 목소리로 외치고 있지만 그들의 마음은 두 개였다.

사흘 전 영조는 갑자기 김창집과 서덕수의 복원을 명했다. 탕평책 덕분에 당파 싸움이 없어졌다고 하지만 이런 문제가 생길 때마다 노론과 소론은 당파의 이익을 위해 자기 색을 들어냈다. 갑작스런 왕명에 소론이 반발했다. 김창집이 누구던가? 경종을 독살하고 영잉군을 왕으로 추대하려다 사사당한 노론의 사대신 중 한명이다. 선왕시대의 역적을 신원 복원해야 할 것인가… 조정은 왕명을 따라야 한다는 노론과 불가하다는 소론으로 나뉘었다. 대놓고 노론 편을 들 수 없는 영조는 정국의 주도권을 잡기 위해 다시 양위를 들고 나온 것이다. 왕이 뜻을 끝까지 관찰하기를 바라는 영의정 김재로를 위시한 노론… 왕의 심기를 풀어야 하지만 자신들의 뜻을 굽힐 수 없는 우의정 조현명을 위시한 소론. 그들의 보이지 않는 기싸움은 영조의 양위선언으로 점점 승부가 가려지고 있었다.

이곳에서 지금의 사태가 왜 일어났는지 모르는 단 한 사람, 세자 선이다. 아무리 왕세자라지만 열 살 된 아이가 복잡한 정치판을 아는 것은 무리였다. 이제 힘이 거의 바닥이 나 정신이 혼미할 지경인 선. 이번이 세 번째다. 다섯 살 때도, 여섯 살 때도 양위 하겠다는 아버지를 말리기 위해 그는 땅바닥에 엎드려야 했다. 양위를 한다는 부왕을 말리지 않고 옥쇄를 받는다면 그건 천하의 불효요, 불충이다. 언제나 이유도 모른 채 죄인이 되어 무릎을 꿇어야했던 선은 시간이 갈수록 마음속에서 화가 치민다. 열 살짜리에게 왕위를 물려주겠다는 것은 자신이 생각해도 있을 수 없는 일이다. 혹시 내가 무슨 잘못이라도 한 것일까? 그래서 벌주시려 이러는 건가. 그 때, 선의 얼굴이 창백해진다. 갑자기 하늘이 어두워지고 구름이 몰려오기 시작한 것이다. 우르릉~ 저 멀리서 천둥소리가 들리자 그의 손이 부들부들 떨린다. 순간, 그의 귀에 멀리서 들려오는 천둥소리처럼 한 목소리가 울린다.
"역적 김창집과 서덕수를 참형에 처하라…"
세자의 머릿속이 소용돌이치기 시작한다. 대조전(중전의 처소), 시시각각 선원전의 상황을 보고 받던 중전은 천둥소리에 벌떡 일어선다.
"…대신들의 읍소에도 전하께선 어떤 명도…"
정상궁이 말이 끝나기도 전에 중전이 급히 밖으로 나간다. 이번 양위선언의 시작은 중전이었다. 남편을 왕으로 만들기 위해 희생을 당했던 조카 서덕수를 이제 복위 시킬 때가 됐다는 생각에 영조에게 간청을 했던 것인데… 하지만 선원전으로 달려가는 중전의 마음엔 오직 세자 밖에 없다. 천둥과 번개를 유난히 무서워했던 선은 심한 경우 경기까지 일으켰다.

"세자 저하가 경기를 일으켜서는 안 됩니다. 잘못하면 큰 화를 당할 수 있습니다."

몇 번이고 당부하던 성수청 국무 백화의 말이 중전의 귀에 맴돈다. 미동 없이 앉아있는 영조 앞에 중전이 부복한다.

"중전이 여긴 왜 왔소?"

"마마, 어서 어명을 거두어주소서. 이러다 옥체 상할까 염려되옵니다."

"이 나라를 이끌어 오신 역대 선왕들께 이렇게 못난 모습을 보인 죄인이 어찌 내 일신만 챙기겠소. 당장 돌아가시오!"

영조는 중전에게 눈길도 주지 않는다.

"마마, 세자를 생각하십시오."

읍소를 하는 중전의 눈길은 맨 앞자리에 엎드려 있는 세자에게 가 있다.

우르릉~~ 쾅쾅!

큰 천둥소리가 울린 동시에 부들부들 떨고 있던 세자가 옆으로 쓰러진다. '세자'를 부르며 달려가는 중전, 주변의 대신들도 동요한다. 중전이 얼굴이 파랗게 질린 선을 안는데 선이 정신을 잃으며 뭔가를 말하고 있다.

"이이명, 김창집, 이건명, 조태채 역적이 충신이 되는구나. … 안 된다, 안 된다… 안 되ㄴ…"

뚜렷하게 들리는 세자의 목소리에 경악하는 중전, 순간 주변을 본다. 그녀의 시야에 승지와 내관 몇 몇이 세자의 말에 놀라 굳어 있는 모습이 들어온다. 쏟아지는 빗속에서 중전의 명으로 내관과 익위사들이 세자를 처소인 저승전으로 옮긴다. 세자가 나가자 다시 신료들의 명을 거둬달라는 읍소가 시작된다. 하지만 영조는 선원전 앞만을 응시하고 있다. 불안한 눈길로 그 모습을 보던 중전은 정상궁에게 귀엣말로 명을 내리고 저승전으로 향한다. 세자가 쓰러졌는데도 미동도 하지 않는 군왕을 보는 대신들… 이제 선원전의 상황은 영조의 뜻대로 흘러가고 있었다. 하늘에선 여전히 번개와 천둥이 치고 있다.

삼각산 기슭에 오롯이 들어서 있는 ㄷ자 한옥집 천수당. 쏟아지는 빗소리도 장단을 맞추는 듯 요란한 요령소리와 무속음악 소리가 집안을 울린다. 〈천수당〉 솟을 대문 안으로 들어서면, 복도 양 옆으로 똑같은 크기의 방들이 칸칸이 있고, 각 방안에는 2,3명의 무녀들이 장단에 맞춰 무무도를 개별적으로 사사받고 있다. 양쪽으로 늘어선 방 끝, 넓디넓은 대강당에서 군무인 무당춤을 연습중이다. 굿거리장단을 춤추던

한 무녀가 무녀들이 잡고 있는 무명천을 가르며 앞으로 나온다. 그들의 스승인 소화다. 이어 남장 복에 탈을 쓴 소화의 언니 백화가 등장하고 두 사람의 현란한 춤사위가 한바탕 펼쳐진다. 강당 밖, 문틈으로 숨죽이며 안을 들여다보는 하야(10세)가 소화의 춤동작을 보며 발을 사뿐사뿐 움직여본다. 그 때 하야의 등을 치는 손.

"뭐해 여기서?"

펄쩍 뛸 듯 놀란 하야는 사촌 모야의 얼굴을 보자 미소를 띤다.

"우리 어머니 어디 있…"

갑작스런 큰소리에 하야가 쉿!! 하며 모야의 말을 막지만 모야는 안으로 들어가려 하고, 그것을 막는 하야, 두 아이의 실강이로 강당의 문이 삐그덕 열린다. 그 사이로 흘러나오는 굿거리장단… 안을 들여다보는 두 아이. 소화와 백화의 무무도가 절정을 향해 가고 있다. 그 모습을 보다 누가 먼저랄 것도 없이 각자 자기 어머니가 추는 춤을 따라하는 하야와 모야. 갑자기 문이 확 열리지만 그것도 모른 채 무아지경으로 서로 마주보며 춤을 춘다. 그때 모야의 눈에 백화와 그 뒤를 따라 소화가 나오는 것이 보인다.

"어머니."

하며 춤을 멈추는 모야를 보고, 하야는 사색이 되어 뒤도 돌아보지 않고 도망을 친다. 그제야 모야는 같이 온 정상궁을 생각나 백화에게 복도 끝을 가리킨다. 정상궁에게 가던 백화는 그 앞의 붉은 기운에 놀라 멈춰 선다. 소화를 돌아보는데, 아무 말 없이 옆을 지나치려는 소화, 백화가 급하게 그녀의 팔을 잡는다.

"뭔 게야? 이 붉은 그림자는?"

굳은 표정의 소화가 팔을 뿌리치고 가려다 갑자기 멈춰서 백화를 노려본다.

"봉보부인! 성 무슨 짓을 한 게요?"

"봉보부인이 왜?"

"성이 더 잘 알텐데. 얼른 궁에 들어 가보소. 내가 할 수 있는 건 성이 업을 덜 짓게 하는 것 밖에 없으니."

소화의 싸늘한 말에 백화의 얼굴이 백짓장처럼 하얗게 질린다.

딱! 딱! 딱! 소화가 회초리로 하야의 종아리를 매섭게 내려친다.

"또 신당에 얼씬 할게냐?"

내려쳐지는 회초리에 하야는 입을 앙다물고 참는다.

"또 춤을 출 게야?"

매를 든 손을 멈추는 소화는 끝까지 대답을 하지 않는 하야를 본다.

종아리에 붉게 피가 맺히는데도 하야는 버티고 있다.

"나가거라. 니가 날 보고 무당 흉내를 내려고 하니 차라리 안 보면 그 못된 버르장머리가 없어지지 않겠느냐?"

결국 하야는 무릎을 꺾고 울음을 터트린다.

"넌 무녀의 딸이지 무녀가 아니야. 결코 무녀가 될 수 없는 팔자란 말이다. 알겠느냐?"

울면서 고개를 끄덕이는 하야를 보며 소화는 깊은 한숨을 내쉰다. 제발 이렇게 여기서 끝내야한다. 소화는 우는 하야를 외면한다.

저승전에선 선이 정신을 차리지 못한 채 앓고 있다. 나인들을 모두 물리고 세자의 이마에 흐르는 땀을 닦아주는 중전.

영조 나이 42살에 태어난 아들, 선은 조선의 세자 중 가장 사랑과 기대를 받는 국본이었다.그리고 정성왕후에게는 더 특별한 아들이었다. 후궁 영빈 이씨의 소생이지만 자신의 양자로 올려 어느 어미보다 더 극진한 사랑과 정성으로 키웠다. 어릴 때부터 하나를 가르치면 스물을 아는 총명함으로 윗전들에게 기쁨을 주었던 세자… 하지만 단 하나! 결코 알려져서는 안 될 비밀이 항상 중전을 불안에 떨게 했다.

그 때 선이 또 뭔가를 중얼거린다.

"김창집은 역적이다… 서덕수는 역적이다…"

선정전에서 옮겨진 후 계속 헛소리를 하는 선, 그 내용은 중전을 경악시켰다. 누가 들을 새라 주위를 물리쳤지만 그 중얼거림에 가슴이 또 다시 철렁하며 불안해진다. 누구에게 이 말을 들었을까? 분명 세자 옆에서 알려준 이가 있다고 확신하는 중전이다.

"성수청 국무는 아직이냐?"

그 시각, 백화는 봉보부인 김씨를 만나고 있다. 몰락한 양반 집 딸이었던 김씨와 백화는 어린 시절 친구였다. 선이 태어날 때부터 뭔가가 불안했던 백화는 세자 옆에서 행동을 관찰해서 전해줄 사람이 필요했다. 마침 좋은 가문으로 시집 간 김씨가 백일 전 아들을 낳았다는 것을 알고, 아는 상궁을 통해 중전에게 천거했다. 백화가 천거한 것을 모르는 중전은 남편과 가문을 보고 또 그녀의 후덕한 모습이 마음에 들어 김씨를 봉보부인으로 삼았다. 보통 봉보부인은 세자가 젖을 떼면 궁을 나가는 게 관례지만, 잔병치레가 심했던 선을 위해 중전은 열 살이 된 지금도 봉보부인을 선 곁에 두었다. 백화에겐 잘 된 일이었다. 이제 그것이 화가 됐다. 세자가 쓰러진 후 저승전에 드리워진 붉은 기운을 친구인 김씨도 맞게 생겼다. 곧 몰아닥칠 폭풍에서 친구를 구하고 싶은 백화는 오늘 당장 도성을 떠나라고 한다. 하지만 김씨는 그럴 수 없다며 오히려 혼절한 세자를 걱정한다.

"내가 그렇게 걱정되면 우리 신념이나 돌봐줘. 문제가 생긴다면 도망쳐봤자 소용없지 않겠어. 난 세자 저하 드실 죽 가지러 가야돼."

결국 백화는 봉보부인을 잡지 못한다.

떨리는 마음을 진정시키며 중전과 마주 앉은 백화는 세자의 안색을 보며 이미 사건이 터졌음을 직감한다.

"분명 세자한테 이상한 기운이 있는 건 아니란 말이냐?"

"천둥소리에 경기를 일으키신 것뿐이옵니다."

일단 위기를 넘기기 위한 백화의 거짓말에 중전은 안도의 한숨을 쉰다.

"그래. 분명 역적 잔당들이 해 준 말이겠지. 그걸 속에 담고 있다 경기 때문에 이 사단이 났을 게야. 어떡하면 좋겠느냐?"

백화는 품에서 부적을 꺼내 세자의 침상 아래 넣는다.

"이건 임시방편이옵니다. 우선 세자저하 마음을 안정시키는 것이 중요하옵니다. 그리고 머리와 마음속에 들어있는 불손한 것들을 지워야겠지요."

"그게 가능하겠느냐?"

순간 백화의 눈빛이 흔들리지만 그럴 수 있다고 힘 있게 답
한다.

영조의 양위 철회로 선원전 상황이 끝이 난다. 그런데 조정
신료들은 퇴궐하지 않은 채 노론과 소론으로 나뉘어 궁 일각
에서 머리를 맞대고 있다. 그들에게 영조의 양위나 김창집과
서덕수의 복원이 문제가 아니다.

"이이명, 김창집, 이건명, 조태채 역적이 충신이 되는구나.
안 된다…"

세자가 그렇게 생각하고 있다면 노론에겐 엄청난 위협이다.
영조를 왕위에 올리기 위해 희생됐던 노론의 가신들을 역적
이라 한 것은 노론을 역적으로 생각하는 것이다. 세자가 왕
이 된다면 노론의 앞날을 장담할 수 없다. 반면, 소론은 결코
나쁘지 않다. 영조가 탕평책을 쓰고 있지만 자신을 왕으로
만들어준 노론을 무시할 수 없다. 하지만 세자는 다르다. 노
론한테 등을 돌린다면 그는 당연히 소론 편이 될 것이다. 왜
세자가 그 말을 했는지 좀 더 상황을 지켜보기로 하는데…

중전이 영의정 김재로를 부른다. 선원전에서 노론의 대신 몇
이 세자의 말을 들었다. 분명 그 말을 빌미로 일을 만들려고
할 것이고 그렇게 되면 이 사실을 영조가 알게 되고 자칫하

면 세자가 다칠 수 있다. 중전은 세자가 누군가에게 불손한 이야기를 들은 것 같은데 자신이 범인을 찾아낼 테니 대신들의 동요를 막으라고 명한다. 중전의 의중을 눈치 챈 김재로는 그 뜻에 따르기로 한다. 정성왕후 그녀가 누구던가. 영조가 왕이 되고 기반을 잡는데 큰 공을 세운 정치적 동지다. 아이를 낳지 못하지만 영조가 그녀를 얼마나 아끼고 믿는지 누구보다 잘 아는 김재로. 그는 사촌동생인 승지 김상로를 불러 상황을 설명하고 사건을 덮자고 한다. 일단 김재로의 말에 따르기로 한 김상로, 하지만 세자를 주시하는 그의 시선은 곱지 않다. 김상로는 노론의 영수지만 이제 노쇠한 김재로에게 못을 박는다.

"만약 세자가 노론의 왕이 안 된다면 왕이 되기 전 그 싹을 잘라버려야 합니다."

늦은 밤, 저승전을 찾은 영조에게 중전은 세자가 석고대죄한 것 때문에 몸과 마음이 많이 상했다고 자신의 사가로 피정을 보내자고 한다.

"한나라의 군왕이 될 이가 겨우 이 정도로 앓아누워 피정까지 나가다니 신료들이 보면 뭐라 하겠소. 아니 될 말이오."

"세자 나이 열 살, 아직 어린 아이이옵니다. 4년 전 양위를 하신다 했을 때 혹비를 맞고 경기가 생긴 것을 잊으셨사옵니까? 오늘 그것까지 생각나 심신이 더 힘든 것이옵니다. 이럴 때 일수록 빨리 병을 고쳐야지요. 그래야 마마가 바라시는 강건한 국본이 되지 않겠사옵니까?"

끈질긴 중전의 간언에 결국 피정을 허락하는 영조. 하지만 아들의 약한 모습이 마음에 들지 않는다.

다음날, 대조전과 저승전은 세자의 피정 준비를 한다. 그 소식을 들은 영빈 이씨가 중전을 찾아온다.

"마마, 소인이 세자마마를 간병하게 해 주시옵소서. 낳기만 했지 어미로서 해 준 것이 없사옵니다. 그동안 못했던 모든 정성 쏟아 강건하실 수 있게 하겠사옵니다."

세자 선의 생모 영빈 이씨. 하지만 선이 태어나자마자 정통성을 더 굳건히 한다는 이유로 중전의 호적에 입적되었다. 세자가 석고대죄 한다는 소식을 들은 후 걱정에 식음을 전폐했던 그녀다. 결국 탈이 난 아들을 자신의 손으로 돌보고 싶은 어미의 마음… 하지만 중전은 지금 세자는 궁을 떠나는 것이 치료라고 청을 거절한다.

"그럴수록 낯선 사가보다는 이 어미의 손길이 더 필요하지 않겠사옵니까?"

"영빈 지금 무슨 말을 하는 게요. 내가 낳지 않았다고 세자에게 어미 노릇을 못하고 있단 말인가?"

"그런 뜻이 아니옵니다. 병을 고치려면 최고의 의원이 있는 궁이 나을 것이고 저하를 돌보는 손길도 이곳이 많은데… 굳이 사가로 나가는 것이 염려되어…"

"걱정 말게. 내 이미 같이 갈 내의원 제조와 사가에서 편히 지낼 방편을 다 준비했으니."

자신이 낳은 아들이지만 무엇 하나 뜻대로 할 수 없는 영빈, 세자를 독차지 하려는 중전의 처사가 분하지만 어쩔 수 없이 물러난다. 하지만 중전이 굳이 세자를 사가로 내보내려고 하는 것이 뭔가 석연치 않다.

백화는 봉보부인의 아들, 신념이를 데리고 천수당을 찾는다. 소화의 방으로 가는데 여인의 큰소리에 발걸음을 멈춘다.

"무당인 주제에 굿을 하라면 할 것이지 어디서 못한다고 큰소리야? 도성에 이런 신당을 차려놓고 아주 거만 떠는구나, 니가. 좋다. 내가 안한다. 대신 오늘 일은 니가 후회하게 만들어줄 것이야."

"마음대로 하소. 내 몸주가 당신 집과 인연이 없는 것 같은데 악연이라도 만들려면 내 어쩔 수 없지."

소화의 방문이 벌컥 열리며 얼굴이 벌겋게 달아오른 사대부 집 여인이 급한 걸음으로 나온다. 한쪽에 서서 그 모습을 보고 있던 백화가 여인이 나가는 것을 확인하고 소화의 방으로 들어간다.

"또 무슨 화를 당하려고 이러냐?"

"이 아이요?"

소화는 백화 말에 대꾸도 않고 신념이를 찬찬히 살펴본다.

"니 이름은 앞으로 수리다. 그 이름이 널 보호해 줄게야.
 이제부터 여기가 니 집이니 편히 있거라."

"제가 여기서 살아요? 그럼 우리 어머니 아버지는요?"

"멀리 떠나셨다. 니가 예서 잘 살고 있으면 찾아 오실게야."

놀란 표정으로 소화를 보는 신념, 그 때부터 그는 수리라는
이름으로 살게 된다.

백화는 수리를 내보내고 소화 앞에 다가앉는다.

"용무 끝났으면 가지 왜 이러오?"

"고맙다, 내 업을 대신 져줘서. 근데 니가 하나 더 풀어야 할
업이 있다. 이번에 나 좀 도와다오."

소화는 들을 필요도 없다는 듯 벌떡 일어선다. 그녀의 치맛
자락을 잡는 백화.

"내 부탁이 아니라 어머니 부탁이야. 잊지 않았지, 어머니 마
지막 말?"

성수청 국무였던 두 사람의 어미. 저승길을 가면서도 성수청
을 크게 키우라고 유언을 했다. 야심이 컸던 백화는 국무 자
리를 이어받아 정치적 줄타기를 하며 지금의 중전의 총애를

받게 됐다. 하지만 언니와 뜻이 달랐던 소화는 영조가 왕위에 오르자 성수청을 나와 천수당에서 무무도를 가르치며 살고 있다.

"나 혼자 힘으론 힘든 굿이다. 어떡하든 세자 저하의 기운을 잡아서 해. 이 굿만 잘 되면 성수청 크게 키워주신다고 약속했어, 중전마마가. 어머니의 소원이 이뤄지는거야. 소화야, 이번이 기회다. 어머니가 하늘에서 도와주신 기회."

어머니란 굴레를 벗어날 수 없는 소화, 그것을 백화가 제대로 건드린다.

"어머니와 약속을 했으니 지켜야지. 이번 한 번 뿐이오."

"알어, 이 야멸찬 것아."

"그런데 피바람 부정은 어떻게 막지?"

"니가 도우면 잡을 수 있어. 새남굿에 뒷부분에 저하 기를 누르는 굿을 넣어 끝내면 돼. 니가 나보다 크니까 경관만신 (굿을 주관하는 큰무당)을 서면 되잖아."

소화가 자신보다 신기가 더 세다는 것을 아는 백화. 그래서 동생이 성수청을 떠날 때 반가웠다. 하지만 지금은 그 힘이 필요하다. 이 굿이 잘못되면 그 후폭풍은 상상하기도 싫다. 어쨌든 중전이 계획하는 모든 준비는 끝났다.

밤을 타서 세자가 북촌 중전의 사가로 피정을 온다. 갑갑한

궁 생활에서 해방됐다는 것만으로도 기분이 좋은 선. 요 며칠 머리가 아프고 선원전 앞에서의 일을 전혀 기억하지 못하는 찜찜함도 어느새 잊어버렸다. 별채로 안내 받은 선, 그가 좌정하자 부원군과 부부인이 예를 갖춘다.

"저하, 외갓집에 온 것이니 마음 편히 쉬십시오. 혹여 불편한 것이 있으시면 언제든 말씀하십시오."

"예, 할아버님"

"송구하오나 내일 저희 집안에 천도제가 있습니다."

"천도제요?"

"문중에서 매년 하는 행사라 날짜를 옮길 수 없어 무례를 범하게 됐습니다. 좀 시끄럽더라도 이해해주시기 바랍니다."

사람들이 물러가자 선은 보료에 벌렁 눕는다. 오늘 저녁 석강도 내일 아침 조강도 없고, 그저 쉬기만 하면 된다. 스르르 눈이 감기는 세자… 얼마만인지도 모를 단잠에 빠진다.

다음날, 새벽부터 서대감집 안채에선 소화와 백화의 진두지휘로 굿청이 차려지고 있다. 상에 온갖 과일들과 음식들이 놓이고 장군신을 비롯한 신그림들과 만장들이 장식된다. 그때, 안방 장롱에 있던 금두꺼비가 없어졌다고 한바탕 소란이 인다. 범인으로 지목된 여종은 훔치지 않았다고 결백을 주장한다. 하지만 안방에 들어간 사람이 부부인과 여종 밖에 없다. 부부인은 굿 하기 전 부정 탄다는 백화의 말에 굿이 끝난 다음 문초를 하겠다고 여종을 고방에 가둔다. 울면서 끌려가는 여종을 유심히 보는 하야, 왠지 마음이 아프다. 무복을 입은 소화가 굿상 앞에 서서 숨을 고른다. 무악이 울리고 거기에 맞춰 소화는 새남굿의 굿거리를 시작하고, 하야는 그 동작 하나하나를 빨려 들어갈 듯 본다. 꽹과리 소리에 잠에서 깬 선. 내관 상수가 옆에서 그 모습을 보고 있다.

"이게 무슨 소리냐?"

"천도제를 하고 있습니다."

"아 그렇지. 상수야, 우리도 가서 구경하자."

그 말에 펄쩍 뛰는 상수. 이곳으로 올 때 중전한테 세자를 절대 굿을 보지 못하게 하라는 엄명을 받았다.

"마마, 장차 군왕이 되실 분이 그런 굿판에 가시면 아니 되옵니다.

오늘은 별채 안에서만 뫼시라는 중전마마의 명이 있었사옵니다."

중전이 세자를 피정 보낸 것은 세자의 경기를 없애고 마음을 안정시키는 굿을 하기 위해서였다. 7년 전 영조의 첫째 아들이었던 효장세자가 아팠을 때 굿을 하다 영조의 진노로 중단된 적이 있다. 그 후 궁에서 굿 하는 것을 국법으로 금했다.

언제나 남편의 뜻을 따르는 그녀였지만 이번엔 세자가 먼저였다. 굿청에 가까이 있을수록 효과가 더 있다는 백화의 말에 이 계획을 세웠다.

소화와 백화의 현란한 굿거리가 진행되고 있는 그 시각, 궁에서는 저승전의 상궁과 나인들이 포박되어 대조전 뒤뜰에 끌려온다. 누가 세자에게 신임옥사에 대해 말했는지 중전의 문초가 시작되고, 중전의 밀명을 받은 의금부 관군들이 봉보부인 김씨의 집에 들이닥친다. 봉보부인과 남편인 사관 안도겸을 추포하고 집을 수색하는 관군들, 서가에서 신임옥사가 적혀있는 문서를 발견한다. 그리고 추국장에선 또 한 명이 범인으로 지목됐다. 세자가 태어나면서부터 옆에서 보필한 한상궁, 그녀는 경종의 비인 선의왕후 어씨의 나인이었다. 죽을 때까지 영조가 형 경종을 독살했다고 믿었던 어대비, 한상궁도 같은 생각을 가지고 있었을 것이다.

"두 계집이 세자에게 사악한 기운을 넣었구나."

믿었던 만큼 배신감에 치를 떠는 중전. 한상궁은 지밀나인들에게 끌려가고, 다른 나인들은 궁의 외진 처소로 보내진다. 피바람이 불고 있는 저승전 사정을 알 리 없는 선은 내관 상수를 따돌리고 천도제를 보러간다. 굿청에 가면 들킬 수 있다는 생각에 안채 뒤 쪽에 사다리를 놓고 담 너머로 굿을 구경한다. 하야와 함께 굿을 보던 모야는 지겨운 듯 안채를 나온다. 집 이곳저곳을 두리번거리던 모야는 눈이 휘둥그레져 그 자리에 선다. 사다리에 올라 담 너머 안채를 보고 있는 아이, 도령복을 입고 있지만 세자마마다. 모야는 눈을 비비고 다시 본다. 성수청 국무의 딸이란 비천한 신분으론 옆에 조차 가지 못해 먼발치에서 나마 몇 번이고 훔쳐봤던 귀하고 높으신 그 세자저하다. 그런데 여기 왜 계시지… 가까이 갔다간 그냥 가버릴까 모야는 조심스레 나무 뒤에 숨어서 그 옆모습을 넋 놓고 본다. 굿은 점점 절정으로 치닫는데, 순간 무악이 멈춘다. 소화가 주변을 둘러보며 조상거리를 푸는데,

"저 사람이 훔쳤어요."

갑자기 하야가 앞으로 나서며 굿을 구경하고 있는 여종 한명을 가리킨다.

"저 사람이 금두꺼비를 훔쳐 방안에 숨겼어요."

놀란 여인은 아니라고 하는데 부부인은 집사를 시켜 여인의 방을 뒤져보라고 한다.

굿은 멈춰지고, 사람들이 웅성대는데 집사가 금두꺼비를 찾아온다. 사람들은 '와'하는 탄성을 올리고 그제야 자신을 보는 시선을 느낀 하야는 놀라 소화를 본다.

'어서 뒤채로 달아나~'

귀에 울리는 소화의 목소리에 하야는 무작정 안채 밖으로 뛰쳐나간다. 당황한 백화는 소화를 보는데,

"이제 내가 온 것을 알겠느냐? 억울한 원혼들 다 풀어주고 산자의 억울함까지 풀어주었으니 어서 풍악을 울려라.

"소화의 기지로 굿은 더 신바람을 올린다.

그 광경을 신기하게 보던 선. 그런데 하야가 자기가 있는 쪽으로 달려오는 것이 아닌가. 사다리에 뛰어내려 달려오는 하야를 붙잡는다.

"누구냐, 넌?"

놀란 하야는 아무 말도 하지 못하고 선을 본다.

"아까 보니 벙어리는 아니던데. 음… 그럼 내가 누군지 맞춰 봐라."

하야의 눈이 놀라움으로 커진다.

"어허 내가 누구냐고 묻질 않느냐?"

채근하는 선에게 큰 절을 하는 하야, 공손히 고개를 든다.

"크신 분입니다."

눈이 휘둥그레져 있는 선을 보던 하야의 눈에서 큰 눈물방울이 툭 떨어진다.

"왜 우는 것이냐?"

그때, 세자를 찾던 상수가 달려오고 하야는 바람 같이 도망친다. 순식간에 하야를 놓친 선은 땅에 떨어져있는 장명루(오방색실로 만든 팔찌)를 줍는다.

"상수야, 이 장명루는 특이하구나. 색실 사이사이에 나무가 있다. 뭐지?"

"음나무… 귀신 쫓는 나무입니다."

선의 앞에 나서는 모야.

"넌 저 아이가 누군지 아느냐?"

"모릅니다. 귀신 쫓는 나무를 가지고 있는 것을 보니 다른 귀신이겠지요."

"어허 어느 안전이라고 이상한 소릴 하는 것이냐. 썩 물러가라."

당돌하게 말하는 모야를 혼낸 상수는 선을 데리고 별채 쪽으로 간다. 모야는 자신에겐 관심도 갖지 않고 하야만 묻고 가는 세자를 화난 눈길로 쏘아본다. 굿이 잘 끝났다는 전갈을 받은 중전은 영의정 김재로를 은밀히 부른다. 안도겸 집에서 찾은 문서를 주며 뒤처리를 맡기고 세자가 관계된 일이니만큼 절대 일을 크게 만들어서는 안 된다는 당부를 한다. 며칠 후, 안도겸 부부가 집에서 자결한 채로 발견된다. 선원전에서 세자의 일은 중전의 계획대로 영조가 모른 채 그대로 묻히고 있었다.

한편, 천수당으로 돌아온 하야는 열이 펄펄 끓으며 정신을 차리지 못한다. 하야의 이마에 물수건을 갈아주던 소화는 팔목에 장명루가 없어진 것을 보고 놀란다. 하야의 신기를 누르기 위해 만들어 준 장명루. 그것이 어떻게 풀렸을까? 그래서 공수가 터진 건가? 당황한 소화는 주변을 찾아보는데 백화가 들어온다.

"공수까지 터졌는데 내림굿 안 해 줄게야?"

"그 팔자를 타고난 아이가 아니요."

아깝다고 끌끌 혀를 차는 백화지만 마음으론 안도의 한숨을 내쉰다.

하야가 신을 받는다면 분명 딸 모야 보다 강신이다. 자신처럼 평생을 동생 소화 보다 못하다는 콤플렉스에 혹시나 소화가 이 자리를 넘볼까 불안감을 갖는 것보다는 하야가 지금처럼 평범하게 사는 것이 모야를 위한 길이다. 그 때, 성수청 무녀가 내일 관군이 천수당을 들이닥칠 거란 소식을 가져온다. 며칠 전 왔던 이조참판 내자가 소화를 포도청에 발고한 것이다. 소화는 그날 밤 하야와 수리를 데리고 한양을 떠난다. 백화는 동생과 기약 없는 이별이 아쉽지만 마음은 편하다. 하야를 업은 행낭 아범과 수리를 앞세워 산길을 걷던 소화가 갑자기 걸음을 멈추고 뒤를 돌아본다. 훤한 달빛 아래 어렴풋이 보이는 궐.

"성, 2자가 가까워질 때를 조심해. 이번처럼 정신줄 놓으면 더 큰 일이 있어날 수 있어."

궁으로 돌아온 선은 당황한다. 저승전의 나인들이 전부 바뀐 것이다. 한상궁 마저 보이질 않는다. 중전은 내명부의 일이니 세자가 신경 쓸 문제가 아니라고 하는데, 갑자기 낯설게 변해버린 동궁에 선은 좀처럼 마음을 붙이지 못했다. 누구 한 명 편하게 자신의 마음을 터놓을 수 없게 된 선은 언제부턴가 가슴이 답답해지는 증상이 생긴다.

그러다 일이 터졌다. 영조에게 문안을 갔다 의복 때문에 꾸중을 들은 것이다. 곤룡포의 깃이 삐뚤어져 있었던 것. 무수리 출신 어미 소생이라는 꼬리표를 달고 살았던 영조는 태생의 콤플렉스를 극복하기 위해 철저히 자기 관리를 했다. 검소하고 한 치의 흐트러짐 없는 옷차림부터 끊임없는 학문수양으로 신하들을 압도하는 군왕으로서 한 치의 빈틈도 보이지 않았다. 당연히 아들에게도 그런 생활 태도를 요구했다. 그동안 왕의 성격을 아는 세자궁 나인들은 문안을 갈 때 신경을 바짝 곤두세우고 세자의 옷차림을 점검 또 점검했다. 하지만 바뀐 나인들은 불편해하는 세자의 비위를 맞추느라 정작 중요한 것을 보지 못한 것이다. 그 사건 이후 세자는 나인들을 믿지 못하는 불안증에 사사건건 까탈을 부리고 짜증을 냈다. 윗 전에 알려지면 문책을 받을까 나인들끼리 쉬쉬거렸지만 소문은 궁 안을 돌아 중전의 귀에 들어갔다.

"글동무요?"

"예, 전하. 같은 또래와 세자가 어울린다면 성정도 밝아질 것이고 무엇보다 훗날 그들이 다 세자의 힘이 되지 않겠사옵니까?"

나인들 문제가 거론될 경우, 혹시라도 선원전 사건까지 나올 수 있다는 생각에 중전는 글동무를 들여 세자의 마음을 잡아보자는 생각을 했다. 특히, 들어올 글동무가 노론 쪽 가문 아이일 테니 세자가 노론과의 관계를 미리 만들어둘 수 있다. 왕이 외로운 자리라는 것을 아는 영조는 흔쾌히 허락한다. 자신보다 실력이 뛰어난 자를 본다면 세자에게 자극이 될 것이다.

그리고 어린 시절 쌓인 우정은 당쟁을 넘어설 수도 있으리라. 영조는 형평성에 맞게 노론 김상로의 아들 정한과 소론 박문수의 아들 무념을 글동무로 뽑는다.

"저하, 오늘 병법놀이를 해보지 않으시겠사옵니까?"

무념이 목검 세 개를 내놓는다. 목검을 만지며 눈이 반짝이는 선이다. 요즘 선은 신이 났다.

글동무로 들어온 정한과 무념. 정한은 그 지식이 넓고 방대했고, 무념은 활달한 성격으로 병법에 관심이 많았다. 노론과 소론이란 경계도 없고 오직 또래 친구로 만난 세 아이는 금방 친해진다. 글동무들과 함께 수업을 받고 놀이를 하는 선. 그동안 지루하기만 하던 주강과 석강 시간이 너무 재밌고 그들과 있는 시간이 짧기만 하다. 선은 무녈이 가지고 온 목검으로 병사놀이를 한다.

그 때부터 활쏘기와 말타기까지 책상머리가 아닌 밖에서 노는 것에 재미를 붙이는, 선. 말을 타고 달리며 목검을 휘두를 때면 엄격한 아버지 영조에 대한 긴장감도, 궐의 답답함도 마음에서 사라진다.

"주상 전하 납시오."
성정각에서 세자를 기다리던 보덕(세자시강원 정3품) 민계의 안색이 창백해진다. 이미 석강시간이 넘었는데 세자가 없다. 글동무들과 말을 타러 나가 돌아오지 않은 것이다. 최근 들어 세자는 수업시간에 자주 늦는다. 몇 번이고 조심스럽게 타일렀지만 세자는 알았다고만 하고 행동이 고쳐지지 않았다. 세자가 글동무들과 어떻게 공부를 하나 보러온 영조는 대노한다 .세자가 놀이에 빠져 공부를 게을리 했다는 것을 알게 된 영조는 글동무를 없애려하지만 중전의 간곡한 청으로 열흘에 한 번 궁에 오도록 하고, 수업은 세자 혼자 받게 한다. 그리고 목검을 압수한다.

그날 밤, 영조가 세자를 부른다. 낮의 일 때문에 잔뜩 긴장해 앉아있는 세자 앞에 목검이 툭 던져진다.

"책 읽기보다 검을 휘두르고 활을 쏘는 것이 그리도 재밌더냐?"

"황공하옵니다..다시는 수업시간에 늦지 않겠습니다."

"내 너를 혼내기 위해 부른 것이 아니다. 이 목검을 왜 휘둘렀느냐?"

"싸움을 잘하고 싶어서입니다."

"선전자 치인이불치어인… 무슨 뜻인지 아느냐?"

갑작스런 영조의 말에 세자는 당황한다.

"싸움을 잘하고 싶다면서 이 글귀도 모르느냐? 싸움을 잘하는 사람은 적을 끌어들이지, 적에게 끌려 다니지 않는다…란 뜻이다. 왕은 싸움을 잘해야 하느니라. 그런데 군왕은 칼로 싸우는 것이 아니라 학식과 덕으로 싸우는 거다. 지금 너의 행동은 국본이 아니라 한낱 필부의 아들이다."

결국 공부를 열심히 하란 말이다. 선은 그런 아버지의 훈계를 들으면 들을수록 가슴이 갑갑해진다.

동궁으로 돌아온 선은 책상 앞에 앉아있지만 글자가 눈에 들어오지 않는다. 언제나 바른 생활과 정답만을 요구하는 아버지 영조, 그에겐 넘을 수 없는 산이다. 군왕은 학문도 깊어야 하지만 나라를 지키기 위해선 싸움도 잘해야 하는데… 어떻게 학식과 덕으로 싸운다 말인가? 문갑 쪽으로 간 세자는 서랍에서 하야가 떨어뜨린 장명루를 꺼낸다. 내관 상수가 버리라고 했지만 몰래 궁까지 가지고 온 선. 언제부턴가 의문이 생기면 그 장명루에 물어 본다. 자신을 바로 알아봤던 그 여자 아이는 모든 것을 알고 있을 것 같다.

"난 아바마마의 뜻에 따르고 싶지 않은데 어떡하면 좋겠느냐? 내가 틀린 것이냐?"

그 시각, 영조는 중전와 함께 세자가 어린 시절 썼던 글씨들을 보고 있다.

"중전, 이걸 보오. 어찌 세 살 된 아이가 쓴 서체라고 하겠소."

"그러하옵니다. 다 마마를 닮아 그런 것이지요."

두 살이 되던 해, 천자문의 63자를 해득한 비범함으로 신동이란 소리를 들었던 세자다. 그래서 더 기대를 했다.

"밤을 세고 학문에 정진해도 모자를 때에 잡희에 빠져있다니."

"세자 나이 아직 어려 그러하옵니다. 때가 되면 마마의 마음을 알 것이오니 너무 나무라지 마십시오."

"기다릴 시간이 없소. 짐의 나이 쉰이 넘었는데…

군왕은 강해야 하오. 약한 군왕은 신료들에게 휘둘리고 허수아비가 될 뿐이지. 내 형님처럼 말이요. 중전 나는 세자를 강

인하게 키울 거요. 그 누구에게도 휘둘리지 않는 왕. 그래서
조선 최고의 성군이 되게 할 것이요."

그렇게, 세월이 흘렀다. 끝없이 펼쳐진 광야. 말을 타고 달리
는 선, 그 때 검은 색 철갑을 입은 자가 쫓아온다. 바짝 뒤를
따라온 검은 철갑이 말에서 뛰어 올라 시퍼런 칼로 선을 내
려친다. 피를 뿜으며 날아 가버리는 한 쪽 팔… 악~ 순간 비
명을 지르며 벌떡 일어나는 선. 그의 옷이 땀으로 흠뻑 젖어
있다.
"마마, 또 악몽을 꾸신 겁니까?"
잠에서 깬 세자빈 온 몸이 땀으로 흥건한 세자를 걱정스럽
게 본다. 아직도 자신을 쫓아오던 말발굽 소리가 귀에서 웅
웅대는 선, 그의 나이 19살이다. 그동안 많은 일들이 있었다.
10살 때 노론 홍봉환의 여식과 혼인하여, 16살에 원손을 얻
었지만 죽고, 지난해 둘째 왕자가 태어났다. 15살 때부터 대
리청정을 하며 정사를 봤다. 그때부터 하루도 마음 편할 날
이 없었다. 영조는 중대한 일만 보고하라 했지만 그것은 말
뿐, 선이 하는 모든 정사를 매의 눈으로 지켜보며 자신의 뜻
에 다를 때는 가차 없이 비판하고 질책했다. 대리청정, 그것
은 자신이 왕의 제목이 되는지를 알아보기 위한 아버지의 시
험이었다. 온 몸과 마음을 짓누르는 부담감, 그는 점점 영조

와 멀어졌다.

"귀잠을 드신지 벌써 한 달이 넘었습니다. 날이 밝는 대로
내의원에 연락.."
"아니오. 요즘 신경 쓸 일이 많아 그러오."
자리에 눕는 선, 하지만 잠은 오지 않는다. 계속되는 악몽과
몸속에서 치받치는 불덩이. 그동안 아버지 때문에 참고 참았
던 것이 병이 된 것인가? 순간, 속에서 또 뜨거운 기운이 올
라온다. 쿵! 쿵! 쿵! 심장 뛰는 소리가 온 몸을 울리고 불안해
지는 마음… 무슨 일이 일어날 것 같다. 어느새 날이 밝아오
고 있다.

"등 뒤가 맞지 않는다. 이거 하나 똑바로 못한단 말이냐?"
세자의 의복 시중을 들던 나인들이 불벼락을 맞는다. 선의
의대증이 또 시작된 것이다. 어린 시절부터 옷차림으로 꾸지
람을 들어왔던 선, 특히 새 옷을 입을 때면 온몸이 불안감에
휩싸이고 옷을 입지 못하는 의대증이 생겼다. 갖은 트집을
잡아 나인들을 짜증을 내던 선, 곤룡포를 양 팔에 끼고 옷깃
을 여미는데 순간, 뭔가가 몸에 달라붙어 숨을 조여 온다. 공
포에 질린 선은 비명을 지르며 옷을 벗어 찢어버린다. 겁에
질린 나인들이 죽을죄를 지었다고 무릎을 꿇는다. 그때 소식

을 들은 세자빈이 2살 된 아들 산을 안고 들어온다. 아들을 보면 기분이 풀어지는 세자, 그는 아들 앞에선 아버지의 못난 꼴을 절대 보이기 싫어한다. 세자빈의 기지로 겨우 옷을 입은 선, 영조에게 아침 문안을 간다. 영조는 시도 때도 없이 세자의 생각을 점검했다 오늘아침도 문안자리에서 뜬금없는 질문들을 해댄다.

"신하의 마음을 움직이는 것이 무엇이라 생각하느냐?"
"진심이옵니다"
"그래! 너의 진심은 무엇이더냐? 신하들에게 너의 진심을 어떻게 보여 주겠느냐?"
"…"
"이익이다. 돈이든, 지위든, 체면이든 사람은 이익이 주어지면 움직인다."
영조는 자신이 하고 싶은 말만 한다. 선은 늘 그랬듯이 아버지 말이 끝나기를 기다린다.
"이익을 주어 신하를 얻는 것은 속임수이기 때문에 언젠가는 반드시 배신을 할 것이옵니다. 마음을 움직이는 것은 진심뿐이옵니다."
"…경연에는 왜 들어가지 않는 거냐?"
"경연이 과도하옵니다. 백성들을 위한 논쟁의 장이 아니라 사대부들의 말장난이고 관념적 사치의 장으로 전락한 지 오래되옵니다."

굳은 얼굴의 영조, 선의 등에선 식은땀이 흐르기 시작한다.
"가뭄으로 백성들이 고초를 겪든 말든 너만 배부르고 편하면 된 것이냐?"
영조 29년은 전국에 심한 가뭄이 들었다. 급기야 한 달 전 기우제를 지냈지만 비가 내리지 않아 가뭄이 더 심해지고 있었다. 다른 대책을 세우지 않는다고 질책하는 영조 앞에 부복한 세자는 억울했다. 다시 기우제를 지내자 했다가 자칫 지난번 영조의 정성이 모자라 비가 안 온 것처럼 될까봐 말을 꺼내지 못했다.
"다시 기우제를 준비하겠사옵니다."
힘겹게 말하는 세자를 탐탁지 않은 눈길로 보는 영조. 자신의 보호아래 세자에게 통치실습을 시키려 대리청정을 하게 했다. 그런데 아들은 기대치에 한참을 미치지 못하고 실망만 주고 있으니 속이 터져 죽을 지경이다. 영조는 이번 기우제는 세자에게 전권을 맡기겠다고 공포한다.
그 시각, 중전은 국무 백화를 만나고 있다. 문안 온 세자빈한테 세자가 악몽을 꾸고 헛소리까지 한단 말을 들었다. 9년 전 일이 떠오르는 중전. 백화는 긴장한다. 다시 기운이 올라오고 있는 것일까? 격무에 시달려 그럴 수 있으니, 일단 저하의 심신이 안정될 수 있도록 치성을 드리겠다고 한다. 그날 밤, 제단 앞에서 세자의 기를 읽어보려 하지만 보이지 않는다. 점점 두려워지는 백화. 혹 자신의 신기가 약해져서 그럴 수 있다는 생각에 딸 모화를 데리고 북한산으로 산 기도를 떠난다.

조정이 시끄러워졌다. 세자가 주관해서 기우제를 지내라고 했다는 영조의 명 때문이다. 강력히 반대를 하는 노론. 대리청정을 하면서 세자는 노론보다 소론 쪽 의견에 귀를 기우려 왔다. 다행히 마지막 결정은 영조가 내렸기 때문에 그들의 권력에는 타격이 없었다. 그런데 이번 결정은 세자에게 왕의 권한을 주겠다는 상징적인 일이 될 수 있다. 그 빌미를 만들면 안 된다는 생각에 김상로는 유생들에게 상소를 올리도록 한다. 세자 쪽에 가까운 소론은 부왕의 명에 따라야한다고 주장하고 나선다.

세자는 이러지도 저러지도 못하는 상황이 되고, 보다 못한 박문수가 영조와 독대를 한다. 세자 저하를 당쟁에 끌어들이지 말라 전하가 제주가 되시라고 직언하는 박문수. 그는 선이 태어났을 때 정통성을 확고히 해야 한다고 중전의 양자로 입적시키는데 결정적 역할을 한 인물이다. 영조는 현실을 알고 당쟁을 조정해야하는 것은 조선의 왕이 해야 할 일이라며 그의 의견을 듣지 않는다. 결국 세자가 기우제를 지내는 것으로 결정된다.

산 기도에서 돌아온 백화는 대조전(중전처소)으로 달려간다. 세자 저하를 하늘과 소통하는 제단에 서게 하면 안 된다고 강력히 반대하는 백화. 하지만 왕이 결정한 일을 중전이 뒤집기엔 늦은 상황이다.

영조의 뜻을 막지 못한 박문수는 관직에서 물러난다. 하직 인사를 온 박문수를 맞는 세자. 대쪽 같은 성격의 노정객, 그가 누구보다 자신을 걱정해 주는 것을 안다. 잘 쉬었다 오라고 위로하던 세자가 그동안 세금의 결손이 점점 커지는데 어염세와 결전세(1750년 시행된 균역법 때문에 결손 된 세금을 충당하기 위해 징수하는 세)가 제대로 걷히는지 전국을 돌아봐 달라고 부탁한다. 뜻밖의 말에 미소 짓는 박문수. 비록 지금은 부왕의 기에 눌려 자신의 뜻을 펼치지 못하지만 세자는 제왕으로서의 기질이 출중하다. 영조가 알아보지 못하는 것이 안타깝다.

기우제가 시작됐다. 종묘 앞에 차려진 우사단 앞에 제주인

세자가 제를 올리며 비가 오기를 기원한다. 심신을 정제하기 위해 사흘간 곡기까지 끊었던 세자, 뙤약볕 아래에서 그것도 사흘간 제를 지내는데 전혀 지침이 없다. 세자는 한 치의 실수 없이 기우제를 지낸다. 그 소식을 들은 영조는 내심 흡족하다. 드디어 선은 기우제가 끝나고 단에서 내려온다. 상수가 재빨리 부축하려는데 툭하니 중얼거린다.

"이레 지나면 오겠네, 비가. 시원하게 오겠어. 이레 후에…"
그리고 푹 쓰러진다.

온 몸이 불덩이 같이 뜨겁고, 오한으로 몸을 떠는 세자, 내의원에선 열사병이라고 진단한다. 영조는 어이가 없다. 잘하고 있다기에 대견하게 생각했는데 겨우 기우제 한 번 지내고 자리보존을 하다니. 그렇게 허약해서야 어찌 드센 조정신료들을, 그리고 만백성들을 다스리겠는가. 실망감에 중전의 간청에도 아픈 세자에게 가지 않는다.

선은 열 때문에 정신을 차리지 못한다. 내의원의 의원들이 총동원되어 치료를 했지만 열은 떨어지지 않고 중전과 세자빈은 애만 태우고 있다. 닷새가 되는 날, 새벽녘 깜빡 잠이 들었다 깬 세자빈은 눈이 휘둥그레진다. 선이 언제 아팠냐는 듯 말간 얼굴로 세자빈을 보고 있다.

"괜찮으십니까?"

"꿈을 꿨소. 어떤 이가 내 앞에 오는데 얼굴이 안 보이는 거요. 그 얼굴을 보려다 내가 너무 오래 잔 모양이요."

"얼굴은 보셨사옵니까?"

"아니, 하지만 반가운 이였던 게 분명하오. 내 마음이 아주 기뻤거든. 분명 아주 반가운 이가 올 것 같소."

세자가 완쾌되자 중전은 한숨을 돌린다. 그런데 그것이 끝이 아니었다. 오랜 가뭄 끝에 드디어 단비가 내린다.

"저하, 비가 옵니다. 진짜 저하 말씀대로 딱 이레 만에 비가 옵니다."

세자 원기 회복을 위해 잉어탕을 가지고 온 중전은 그 말에 굳은 듯 선다. 일어나 창 밖에 쏟아지는 비를 보고 있던 선이 환한 웃음을 짓는다.

"어마마마, 제가 아주 반가운 이가 올 것 같다 했지요. 비였나 봅니다."

망연자실한 얼굴로 선을 보던 중전은 선걸음으로 대조전으로 간다.

부름을 받고 달려온 백화는 두려움에 부들부들 떨면서 앉아 있는 중전을 보고 일이 터졌음을 직감한다. 그날 밤 대조전의 불은 꺼지지 않았다.

관직에서 물러난 후 전국을 돌고 있는 박문수가 평안감영을 찾았다. 그곳에서 그는 묘향산에서 무당을 모아놓고 무기를 가르쳤다는 죄목으로 잡혀온 소화를 만난다. 소화는 박문수를 보자 산속에 숨어있을 하야와 수리를 피신시켜 달라 통사정을 한다. 자기는 어차피 장 몇 대 맞고 옥살이를 하면 그뿐이지만 그 둘은 잡히면 큰일 난다고. 두 아이의 은신처로 가는 박문수의 마음은 급하다. 수리가 9년 전 죽은 사관 안도겸의 아들이라니… 무엇보다 하야는 결코 드러나서는 안 되는 아이다.

박문수는 소화의 부탁대로 두 사람을 백화에게 데리고 간다. 자초지정을 들은 백화는 일단 하야와 수리에게 임시거처를 마련해준다. 소화만 놔두고 온 것이 걱정되는 하야는 툇마루에 앉아 북쪽을 본다. 그 때 밖에 나갔던 수리가 온다.
"또 어머니 생각이냐? 염려마라 우리 어머니가 보통 분이야. 좀 있다 홍길동처럼 나타나실 거다."
"그래, 그럴 거야. 근데 오라버니 어디 갔다 와?"
"한양 구경 좀 했어."
"아휴 나도 데리고 가지."
"이모가 나다니지 말랬잖아. 둘이 다니다 괜히 들키면…"

"오라버니가 지켜주면 되잖아. 누가 오라버닐 잡어."
오누이처럼 자란 하야와 수리… 피 한 방울 섞이지 않았지만 친 오누이보다도 더 애틋하게 서로를 챙긴다. 그런데 수리가 처음으로 하야에게 비밀이 생겼다. 모야!! 이레에 한 번씩 먹을거리를 가져다주는 그녀를 보고 연심을 품게 된 것이다. 모야가 오는 날을 손꼽아 기다리는 수리, 하지만 그 즐거움은 오래 가지 못했다.

백화는 두 사람을 사가에 두면 위험할거란 공수를 받는다. 모야를 누를 신기를 지닌 하야를 성수청에 드릴 수는 없고, 그때 10년에 한 번씩 하는 궁녀선발이 있다는 걸 알게 된다. 세자 상태에 촉각을 세우고 있는 때, 하야를 중전 곁에 두고 동태를 살피게 하면 일석이조가 될 거라 생각한 백화. 감찰상궁에게 부적을 써주고 하야의 나이를 속여 궁녀시험을 보게 한다.

궁녀로 뽑힌 하야는 중전의 색장나인(각 전궁의 문안편지를 관장하는 나인)이 된다. 궁에 들어온 하야에게 백화는 무녀의 딸인 걸 감추라고 당부 또 당부한다.
"궁 사람 누구와도 가까이 지내선 안 된다. 너의 정체가 알려지면 너는 물론이고 나와 모야까지 사단 나고 그럼 성수청이 무너지게 돼. 조심, 또 조심 알겠지?"

남은 수리를 고민하던 백화는 박문수에게 부탁한다. 안도겸
과 동문수학을 했던 박문수는 벗이 역적으로 몰려 자결한 것
에 의문을 품고 있었다. 기꺼이 자신의 집에 수리를 머물게
한다.

새벽, 박문수의 아들 무념은 무예연습을 위해 후원으로 나
오다 멈칫한다. 바람을 가르는 검의 소리와 함께 검 수련을
하고 있는 사내. 어제 밤 아버지가 친구의 아들이라고 인사
를 시킨 수리다. 무념이 뛰어든다. 챙!! 공중에서 부딪히는
두 개의 검 날. 갑작스런 공격, 이미 인기척을 눈치 챈 수리
가 무념의 칼을 막는다. 치고 받고, 거센 합이 계속되고 범인
은 근접 못할 현란한 검술이 펼쳐진다. 순간 수리의 눈이 빛
나더니 그의 검이 무념의 목을 겨눈다. 숨을 몰아쉬며 마주
보는 두 사내. 수리가 천천히 칼을 거둔다. 무념이 씩 웃으며
손을 내민다.

"상감마마께 감사해라. 아침부터 궁에 일이 있어 일부러 져
준 거니. 퇴청하면 짝패의 정을 나눠보자."

기막힌 변명에 무표정한 수리가 픽 웃으며 무념의 손을 잡는
다. 그렇게 수리와 무념은 벗이 됐다.

호위대장 옷을 입은 무녘이 대본단 주위를 경계하는 군사들 앞에 서있다. 신종황제의 기일, 망배례가 행해지고 있다. 대보단은 숙종이 임진왜란 때 원군을 보낸 명나라 신종 황제를 기리기 위해 만든 사당이다. 영조는 여기에 명나라 태조와 의종까지 합사했다. 제단 앞에서 영조가 제를 올리고, 그 뒤로 도열해 있는 조정신료들의 맨 앞에 면복을 입은 선이 서 있다.

망배례가 끝나고 모처럼 편전에 나온 영조, 지난번 폭우로 대보단의 돌 사이가 패였음을 지적한다. 김상로가 대보단 보수를 하시는 것이 어떠냐고 진언을 하는 순간, 선의 인내심은 한계에 다다랐다.

"그건 아니 되오!"

문무백관의 시선이 세자에게 쏠린다.

"망한 명의 황제들 제사 드리려고 국고를 낭비할 순 없습니다."

세자의 갑작스런 말에 영조는 기암을 한다. 존명의리(尊明義理)! 성리학의 나라 조선과 그것을 지켜 온 선대왕을 부정하는 말이다.

"세자, 네가 지금 무슨 소릴 하는 줄 아느냐?"

"이미 명은 망했고, 청은 오랑캐의 나라이옵니다. 더 이상 대륙의 나라에 예를 갖출 필요가 없다고 사료되옵니다."

"세자! 그럼 대보단을 확충한 짐은 생각이 없단 말이냐?
네가 보기엔 내가 사대주의에 빠진 비굴한 왕이란 거누나."
"그런 뜻이 아니라…"
대노한 영조의 귀엔 더 이상의 말이 들어오지 않는다. 선은
쫓겨나듯 대전을 나온다. 영조는 당장 대보단의 보수공사를
시작하라 명한다.

이 일은 중전에게 곧바로 전해졌다. 불같은 영조의 성정을
누구보다 잘 아는 중전은 이 일을 빨리 해결하지 않으면 어
떤 사단이 날지 모른다는 걱정에 세자를 대조전으로 부른다.
영조에게 용서를 빌라고 타이르는 중전. 그런데,
"마마, 마마… 큰 일 났사옵니다. 불이… 불이… 저승전(세
자처소)에 불이 났사옵니다."
달려온 나인의 말에 경악하는 중전과 세자. 그날 밤 세자의
거처, 저승전에 원인을 알 수 없는 불이 나 전소된다.

궁은 발칵 뒤집힌다. 실수인가? 방화인가? 영조는 당장 화재
사건을 조사하라고 내금위에 명을 내린다. 세자 처소의 나인
과 익위사들, 불을 관리하는 내관까지 줄줄이 불려가지만 원
인조차 알아내지 못한다. 선은 무념과 정한에게 조사를 부탁
한다.

무과에 급제한 무념은 정5품의 세자익위사가 됐다. 정한은 세자시강원의 말단직 설서다. 아버지 김상로가 중앙에 벼슬을 주려고 하지만 그는 노론이건 소론이건 시끄러운 정치판에 끼고 싶지 않다. 자신에게 더 이상을 강요하면 설서마저 그만두겠다고 선을 그었다. 그렇게 글동무였던 세 사람은 다시 뭉칠 수 있었다. 정한은 이번 화제 사건이 세자를 해치려 한 것일 수 있으니 익위사 말고 24시간 곁에서 호위할 자가 있어야할 것 같다고 조언한다. 무념은 수리를 추천하고, 그렇게 수리는 선의 호의무사로 궁에 들어온다.

다행히, 화제 사건 때문에 대보단 사건이 의외로 쉽게 풀렸다. 자신을 걱정하는 부정을 본 선, 영조 앞에서 자신의 철없음과 객기를 부린 것에 용서를 빈다. 하마터면 세자를 잃을 뻔했다는 생각에 영조도 아들을 용서한다. 모처럼 부자간에 훈훈한 기류가 흐른다.

하지만 선은 밤이 되면 여전히 잠을 이루지 못한다. 임시 거처로 옮긴 별궁도 불편하고 누가 나를 죽이려고 했을까? 노론인가? 끝없는 의문에 머리가 터질 것 같다. 수리를 데리고 밤 산책을 하러 나온 선. 그런데 후원의 후미진 곳에서 불빛이 보이는 게 아닌가. 혹시? 하는 생각에 달려가던 선이 멈칫멈춘다. 그의 시선에 보이는 한 궁녀. 불을 붙인 풍등에 눈을 감고 무언가를 기도하는 것 같다. 어름풋한 풍등 불빛에 보여 지는 어여쁜 얼굴.

"누구냐? 넌?"

놀라 선을 보는 궁녀, 하야다. 세자임을 안 하야는 얼결에 풍등을 놓치고 부복한다.

"중궁전 나인이옵니다."

"여기서 뭘 하고 있는 거냐?

"어미가 걱정돼 풍등을 띄우고 있었사옵니다."

황급히 자리를 피해 가려는 하야의 손목을 잡는 선. 그런데 뭔가가 잡힌다. 하야의 손목을 들어보던 선은 깜짝 놀란다. 장명루… 달빛에 다시 본다. 분명 오색실 사이사이에 나무가 있다.

"색실 사이에 있는 것이 무엇이냐?"

"음나무 이옵니다."

그 아이다. 분명 9년 전 만났던 그 아이다. 하지만 하야는 세자를 기억하지 못한다. 북촌, 서종제 대감집, 금두꺼비… 그 날 일을 그대로 이야기해도 고개를 젓는 하야. 열병으로 굿에서 공수를 터트렸던 기억을 잃어버린 것이다. 답답한 선은 자신의 얼굴을 하야의 코앞에 들이민다.

"이래도 기억이 안 나느냐? 좋다. 내일까지 기억해서 이 시각에 이곳으로 오너라. 국본의 명이다."

같은 시각 같은 장소에서 선과 하야의 만남이 이어지고, 열흘째 되던 날, 선은 하야를 품에 안는다.

그날 밤 세자는 두 달여 만에 악몽을 꾸지 않고 깊은 잠을 잔다.

방화범이 잡히지 않는 상태에서 두 번째 화재사건이 일어난다. 경희궁에 있는 어조당, 그곳은 선왕 경종비 어씨가 있던 곳이다.

그리고 며칠 후 규장각(1696년 숙종된 건립. 선왕들이 어제나 어필을 보관하는 왕립도서관)에서 경종의 어제(왕이 직접 지은 글)가 보관된 곳에서 또 불이 난다. 세 번의 연쇄 화재사건으로 방화가 확실해지면서 궁은 발칵 뒤집힌다. 궁에선 어대비의 원혼이 와서 불을 지른 것이라는 흉흉한 소문이 돈다.

경종비 어씨, 영조의 큰 아들인 효장세자 독살사건에 연루돼 어조당에 유폐되어 26살의 젊은 나이로 죽었다. 세자의 거처였던 저승전도 예전 경종비 어씨가 기거했던 곳이다. 저승전 — 어조당— 경종의 어제… 경종과 어대비가 억울한 죽음을 당해 그렇게 됐다는 말까지 소문은 더 부풀어지고 있었다.

'내 궁 안에서 이런 일을 벌인 자는 역적이다.!'

격노한 영조는 사건을 내금위에서 의금부로 이송한다. 선은 분명 어떤 세력이 목적을 가지고 벌이는 일이라고 생각한다. 선왕의 흔적을 없애려는 사람들, 노론… 소론 쪽에서도 선왕과 관계된 이들을 겨냥해서 일어나는 화재 사건이라는 의견을 모은다. 점점 의심의 화살이 자신들에게로 향하는 것을 느끼는 노론은 자신들을 모함하기 위해 벌인 일이라고 진범을 잡아야 한다고 더 나선다.

매일 밤 하야를 찾는 선, 요즘은 화재 사건에 온 신경이 가 있다.
"노론 쪽에서 범인을 잡겠다고 난리다. 자기들 죄를 덮으려고 더 그러는 거 같기도 하고, 아님 다른 쪽인가? 이럴 때 예전 너라면 도둑을 잡은 것처럼 화재 범을 잡을 거 아니냐."
"기둥을 치면 대들보가 움직이는 법인데, 지금 움직이지 않는 이가 누굴까요?"
"지금 가장 태연한 사람?"
그동안 선은 무슨 일이 있을 때마다 무녑과 정한, 두 사람에게만 속내를 터놓고 의논했다. 그런데 이제 그들보다 하야가 먼저다. 여느 선비보다 높은 학식과 현명한 판단력으로 해답을 주고, 아름다운 심성으로 위로를 해준다. 선은 하야와 있는 시간이 가장 행복하다. 두 사람의 일은 곧 중전의 귀에 들어간다. 노한 중전은 세자를 불러 사실을 확인한다.

"궁안이 이렇게 어수선한데 어찌 나인의 방에 매일 출입을 한다더냐? 이걸 전하가 아시면 어찌 되겠느냐? 또 어떤 사단이 나려고…"

"송구합니다, 어마마마. 하지만 그 아이가 옆에 있으면 악몽을 꾸지 않습니다."

처음으로 편히 잤다는 말에 놀란 중전은 그들의 관계를 묵인한다. 그리고 세자가 나인의 방에서 침수를 들게 할 수 없다고 하야에게 별궁을 내준다.

그 소식에 긴장하는 두 여인, 세자빈과 양제 박씨. 특히 그동안 세자의 후궁으로 혼자 사랑을 독차지했던 양제 박씨는 하야를 질투한다. 그 마음이야 세자빈도 같다. 하지만 드러내 놓고 할 수 없는 처지. 세자빈은 하야가 학식이 높다는 말을 듣고 어느 집안의 여식인지 은밀히 뒷조사를 시킨다.

하야가 세자의 여인이 됐다는 말에 가장 놀란 이는 모야였다. 그녀는 수리를 불러 확인하고 질투에 어쩔 줄 모른다. 어린 시절부터 멀리서 지켜봤던 세자. 자신도 모르게 흠모하게 됐다.

백화는 차라리 하야가 세자 옆에 있는 것에 안심이 된다. 세자 일거수일투족을 알 수 있고, 무엇보다 하야와 있을 때부터 세자가 악몽도 꾸지 않고 귀잠을 자 중전의 눈치를 덜 살피게 된다. 백화는 하야의 신기가 분명 세자에게 영향이 있음을 간파한다.

한편, 달포가 넘도록 방화범이 잡히지 않자 영조는 사직했던 박문수에게 벼슬을 내리고, 사건을 맡긴다. 영조의 행동에 당황한 노론, 임금도 자신들을 의심하는 것인가? 노론의 가신들은 우의정 김상로에게 가만있으면 밀린다고 목소리를 높인다.
사실 영조에겐 다른 속뜻이 있었다. 경종과 관련된 일이 터졌는데 이 일을 노론 쪽에 맡기면 자칫 자신이 뭔가를 숨기려고 자기 사람에게 맡겼다는 의심을 받을 수 있다. 영조는 그것을 미연에 방지하기 위해 계획적으로 소론의 박문수에게 수사를 맡겼다.

선은 영조의 결정에 안도한다. 만약 노론이 범인이라면 이 기회에 그들의 세력을 꺾을 수 있다. 그런데 그날 밤 저승전을 지나던 선이 멈칫한다. 그의 눈에 한 여인이 불을 놓고 있는 것이 보인다.
"잡아라!!"
선이 여인에게로 뛰어가고, 수리와 익위사들이 그 뒤를 따른다.

"여인이 어디로 갔느냐?"

연기처럼 사라진 여인, 그런데 수리도 익위사도 여인을 보지 못했다고 한다. 선은 멍하니 여인이 있던 자리를 보다 혼자 중얼거린다.

"내가 헛것을 봤나? 어쩌면 노론이 아닐지도 모른다… 노론이 아니야…"

화재사건의 수사가 진행되면서 당직을 섰던 승지들까지 불려간다. 거기엔 노론의 가신들도 포함되어 있다. 보이지 않는 노론과 소론의 신경전이 벌어진다. 하지만 박문수를 내세운 영조의 결정 덕분에 소론 쪽의 목소리가 커졌다. 더 이상 지켜만 볼 수 없단 결론을 내리는 김상로, 소론에게 반격할 기회를 엿보는데 뜻밖의 사건이 터진다. 하늘은 그들의 편이었다.

대전 벽에'간신이 조정에 가득해 백성들의 삶이 도탄에 빠졌다.'는 흉서가 붙어 (일명 나주 벽서 사건) 조정이 또 한 번 발칵 뒤집힌다.

발생 일주일 만에 주모자 윤지, 윤광철, 윤희철이 체포된다. 김상로는 집요하게 소론을 공격했다. 노론들은 연일 이들을 죽이고 국문하자는 상소를 올렸고, 이종성은 이들의 억울함

을 호소하는 상소를 올렸다. 대리청정중인 세자는,

"모두 따르지 않겠다."

완강히 거부한다.

하지만, 영조는 김상로의 손을 들어준다. 이종성을 삭탈관직하여 문외출송 시킨다. 대전에서 대리청정 중인 세자와 김상로가 팽팽하게 맞선다.

"상을 남벌하는 것은 사정이 급해졌다는 뜻이고, 벌을 남벌하는 것은 상황이 딱하다는 뜻이오. 자중하여 일을 크게 확대하는 것을 경계토록 하시오"

"무소불비, 무소불과, 모두를 지키겠다는 것은 아무도 지키지 않겠다는 뜻이옵고 썩은 종기는 잘라내고 가야 하옵니다."

김상로는 세자에게 강경하게 맞서고, 대소 신료들은 모두 김상로 편에 선다. 패가 김상로 쪽으로 기울자 영조는 슬그머니 자리를 뜬다. 김상로가 영조 뒤를 따르려 일어서는데, 세자가 상소문을 들어 집어 던져 김상로의 길을 막는다.

"이 국정회의의 주관이 과인인가 아바마마인가?"

대소신료들을 의식한 김상로는 마지못해 사죄하며 자리에 앉는다.

선은 대전을 나와 그 길로 영조와 독대하기 위해 대조전으로 간다. 영조는 중전의 만류에도 몸이 고단해 오수 중이라는 핑계를 대며 만나주지 않는다. 선은 물러나지 않고 기다린다. 영조는 세자가 김상로를 추상같은 호령으로 눌렀다는 소식을 전해 듣고 내심 기특하지만 내색하지 않고 내관을 통해 편지를 전한다.

"싸우지 않는 건 네게 달렸다. (부전재아,) 네가 만만하게 보이지 않으면 적은 함부로 공격할 수 없다."

편지를 읽은 선은 기가 막혔다. 신하들이 자신을 만만하게 보게 만든 사람이 아버지 아니었는가? 선은 중궁전 뜰에 거적을 깔고 석고대죄를 한다. 3시간이 지났다. 중전의 간청에 마지못해 영조가 방문을 박차고 나온다. 그런데 그 순간, 선은 경종이 영조의 목을 조르는 환영을 보고 '안 돼!!!' 소리치며 미친 듯이 영조 쪽으로 달려간다. 영조는 어이가 없고 신하들 보기 민망해서 굳은 표정으로 선을 노려만 본다. 선은 영조 바로 앞까지 달려와서야 환영이 사라지고 노기 띤 아버지 얼굴이 보인다. 영조는 선을 강하게 밀쳐내고 대전 안으로 들어가고 선은 멍하니 서있다 심한 구토를 한다. 놀란 중전은 의관을 부르라 소리치며 선을 향해 달려간다.

그날 밤, 정한은 아버지 김상로와 마주 앉았다. 김상로는 높은 관직을 마다하고 말단직 설서에 만족하는 아들이 못마땅했지만 그래도 왕세자 선과 가깝기에 봐주고 있는 참이다.

"네가 웬일이냐?"

"이제 제발 그만 멈추세요. 도대체 얼마나 더 많은 피를 보실 작정이십니까?

"무슨 말을 하는 것이냐?"

"이번 나주 사건도 아버지가 사주한 일 아니십니까?"

"얼굴을 씻는데 강물이 필요하더냐? 세숫대야 하나만 채울 정도면 되는 일. 한강물에 세수하려면 오가는 데 번거롭지 않겠느냐?"

"흐르는 물을 거스를 수 없습니다. 세자저하를 가벼이 여기시다가 역풍을 맞을 날이

있을 것이옵니다."

김상로는 아들의 수가 세자 선보다 한수 위라는 사실이 대견스러워, 나주사건은 자신과 무관하다는 것을 슬쩍 내비친다. 정한은 반신반의 표정으로 아버지를 본다.

"하하하… 이제 제법 정치를 아는구나. 저하를 잘 보필하고 싶거든 명심하거라. 때로는 한발 떨어져서 봐야 잘 보이고, 때로는 한발 다가서야 잘 보인다는 것을."

결국 나주벽서 사건의 주모자 윤지, 윤광철, 윤희철이 극형에 처해졌다.

선은 하야 처소에서 비몽사몽 앓고 있다. 3일 전 대조전 틀에서 석고대죄 하던 날, 경종의 환영을 보고 시작된 구토가 가라앉질 않는다. 물 한 모금에도 구토가 나와, 음식을 먹지 못해 탈진상태다. 하야 역시 꼬박 3일 째 음식을 거르고, 세자 곁을 지킨다. 의관들의 처방약도 소용이 없다. 무념과 수리가 24시간 지키며 대기 중이다. 그때, 갑자기 의관들이 들어와 의식을 잃고 신음하는 선을 들것에 태운다.
"무슨 일이냐?"
무념이 막아선다.
"세자빈 마마의 명이니 방해치 마시고 물러서시오."
양제박씨의 당찬 행동에 하야와 무념은 서로 얼굴만 본다.

그동안 양제박씨는 하야가 장안에서 유명했던 무녀 소화의 딸이라는 사실을 알아냈다. 그녀는 기가 막혔다. 도성 안 출입이 금지 당한 천민이 버젓이 궁녀가 되었고, 그 천민이 왕세자의 총애를 받다니… 양제박씨는 그날로 세자빈에게 고했다.
세자빈은 양제박씨에게 하야 뒷조사를 멈추고 입조심을 하라 엄중하게 경고하며 자신이다 알아 처리 하겠다 약조한다.
사실, 세자빈은 양제박씨 보다 먼저 하야가 무녀의 딸이란 사실을 알았다. 하지만 하야가 자신의 먼 친척과 혼인했다 신기로 쫓겨 난 수련의 친딸로 밝혀졌고, 자신의 집안에 신녀의 피가 흐른다는 사실이 알려질까 전전긍긍하고 있었던 참이다. 세자빈은 급히 아버지 홍봉한을 부른다.

양제박씨가 세자를 데리고 간 후, 하야는 불안하고 초조한 마음을 달래기 위해 기도와 명상으로 대부분의 시간을 보낸다. 선은 하야 처소에서 실려 온 기억을 못하고 양제박씨의 극진한 간호를 받으면서도 계속 하야를 찾는다. 세자빈과 홍봉한은 하야 신분이 탄로 나면 자신의 집안에 신녀가 있다는 사실이 불거져 나올까 두려워 하야를 궁 밖으로 납치해 죽일 계획을 세운다.

한편, 창경궁내 토역병과 시험장—
나주 벽서 사건의 역적 토벌을 축하하며 실시되는 특별 무과 시험 응시생들이 답을 작성하고 있다. 그때 심정연이 시권(답안지)를 제출하고 나간다. 시험관 구선복은 일차로 제출하고 나가는 선비에 호기심이 생겨 시권(답안지)을 본다. 시권을 보던 구선복은 즉각 시험장을 폐쇄하고 방금 시권을 제출한 자를 주포하라 명한다. 일시에 술렁거리는 응시생들 사이에서 꼿꼿한 자세로 앉아 있던 심정연은 현장에서 체포

된다.

이 일은 곧바로 영조에게 보고되었다. 영조는 심정연이 쓴 〈상변서〉를 보고 기암을 한다. 나주벽서의 정당함과 조정대신들에 대한 비난, 특히 홍상한(병조판서)과 세자빈 홍씨의 아버지 홍봉한(훈련대장) 형제에 대한 비난이 적혀있다. 심정연은 이인좌의 난에 연루된 심성연의 아우로, 소론이 저지른 나주벽서 사건의 토벌을 기념하는 과장에 이런 답안과 익명서를 올린 것은 나주 벽서사건 치죄 자체를 조롱하는 행위였다. 조정에는 다시 한 번 피바람이 불어 닥친다.

구선복은 곧장 홍봉한에게 달려가 이 사실을 전한다. 심복을 시켜 은밀히 하야를 납치해 죽이라는 명을 내리던 홍봉한은 세자빈 홍씨에게 하야 문제를 잠시 보류하자며 몸을 낮춘다.

원기가 회복된 선은 다시 하야를 찾는다. 양제박씨는 세자빈 홍씨가 움직이지 않자, 중전과 인원왕후전에 하야가 무녀라는 익명의 투서를 넣는다. 내명부가 발칵 뒤집혔다. 중전은 자신이 총애했던 색장나인이 무녀라는 청천병력 같은 투서에 분노했다. 중전은 하야를 궁에 들인 백화를 불러 다그친다. 백화는 제 살 길을 찾아 하야를 희생시키기로 결정한다.

그날 새벽, 하야는 백화가 시킨 대로 취선당(장희빈 처소)에 들어가 죽은 경종과 어대비 초상을 걸어놓고 태평춤(도당굿, 당굿에서 춤의 정수를 한데 모아 독립된 춤으로 체계화시킨 고도의 기량을 요하는 무무도)을 추고, 세자의 속옷과 면복을 불태운다. 백화가, 세자의 의대증이 경종과 어대비의 혼이 붙어 생긴 병이니 방편을 해주라 했던 것이다. 그때 백화의 밀고로 관원들이 들이닥치고 하야는 현장에서 체포 감금된다. 하야는 미궁에 빠졌던 연쇄 화재사건의 범인으로 몰린다.

선은 하야가 추국 받는다는 소식을 듣고 중전에게 달려간다.
"어마마마 하야는 절대 화재범이 아니옵니다. 음해이옵니다."
중전은 선에게 투서를 보여준다.
"그 요망한 것이 세자의 혼을 빼놓기 위해 궁에 불을 지른 거요. 세자, 잘 생각해보세요. 그동안 세자가 악몽에 시달린 것, 헛것을 보고 혼절한 것, 의대증에 걸린 것…그 모든 이상한 일들이 요녀가 들어오고부터 심해지지 않았습니까? 나인 하나 잘못 들여 세자가 그런 일을 당하다니… 절대 용납할 수 없어요."
선은 중전 말을 믿을 수가 없다. 하야가 요녀라니? 개명 천지에 요녀가 어디 있단 말인가? 선은 하야가 갇힌 곳으로 달려간다. 고문으로 만신창이가 된 하야는 선을 희미한 미소로 본다. 선은 사모했던 여인의 처절한 모습에 당장 방면하라 소리치지만 그 말은 안에서만 요동친다.

"저하… 그리하지 마옵소서. 작은 것은 큰 것을, 적은 것은 많은 것을, 약한 것은 강한 것을 대적할 수 없사옵니다."

선은 기겁을 한다. 어찌 이 여인이 내 마음을 읽는단 말인가? 진정 이 여인이 요녀가 맞단 말인가?, 선은 온 몸에 소름이 쫙 돋는다.

"저하, 소녀는 죄인이 아니옵니다."

"투서의 내용은… 네가 무녀라는 것이다. 그 투서가 진정 사실이냐?"

"무녀가 아니옵니다."

선은 순간 안도의 숨을 내쉰다. 하지만 그도 잠깐

"소녀는 신녀의 딸이옵니다. 그것이 소녀의 운명이옵니다."

'그럼 어마마마가 했던 말들이 모두 사실이란 말인가? 어찌 이런 일이…' 선은 온 몸에 힘이 빠진다. 선의 마음을 읽은 하야의 눈에 눈물이 고인다. 자신 또한 무녀의 딸 신분을 버리고 녹을 받는 궁녀로, 당당한 여성으로 살고자 했기에 선을 이해한다. 자신을 버리려 하는 선이 야속하고 서운하지만 원망하지 않으려 다짐한다. 다만 선의 나약한 모습을 보는

것도, 선에게 자신의 구차한 모습을 보이는 것도 싫어 눈을
감아 버린다.
"내가 네 누명만은 벗게 해 줄 것이다."

하지만 궐내 연쇄 화재사건은 경종 어대비를 섬겼던 나인
들과 그를 사주한 하야가 저지른 것으로 판명이 난다. 중전
은 영빈이씨를 비롯, 세자빈 홍씨, 양제박씨를 불러 투서에
관한 일을 발설치 못하도록 단도리를 하고, 투서 사건도 묻
힌다.

백화는 모야에게 경고한다.
"모야, 너의 길은 성수청을 지키는 일이고, 그 길을 위해서
왕세자 곁에 머무는 것이야. 이 어미 말 명심해야 한다."
"어머니. 난 왕세자의 여자로 성수청 국무가 될 거야. 난 절
대 하야처럼 되지 않아. 두고 봐 어머니."
"모야. 이 나라 조선에서 가장 밑바닥 인생이 무녀다. 성수
청 국무자리는 모든 무녀들의 꿈이자 희망이고 이 나라 조선
왕조를 지킬 책무가 있는 영광스럽고 존엄한 자리 다. 이 자
리는 신이 내린 자리, 신을 거역할 수 없다는 거 네가 더 잘
알지? 다시는 양제박씨와 거래를 해서는 안 돼. 이 에미 목숨
도 니 손에 달려 있어. 알아들어?"

모야는 자신의 속을 꿰뚫고 있는 백화에게 겁이 나면서도 한 편 자존심이 상한다. 지금 어머니가 한 말은 어머니의 말이 아니라 신의 공수라는 사실을 알기에 더 이상 반박 하지 못한다.

세상에 비밀이 없는 법, 궁 안에는 세자가 무녀를 품었다는 소문이 퍼져 나가기 시작하고 그 소문이 영조의 귀에도 들어 갔다. 무수리 아들이라는 콤플렉스를 안고 있었던 영조는 아들마저 천민과 연을 맺었다는 사실에 화가 치밀고, 그 불경스러운 소문을 잠재우기 위해, 영조는 불같은 기세로 상변서 사건으로 몰아친다.

광화문 네거리에서 구름 떼처럼 몰려 든 백성들과 문무백관, 선이 지켜보는 가운데 심정연이 능지처참 당하고 윤혜의 목이 잘려져 나갔다. 그때, 갑주(갑옷과 투구) 차림의 영조가 백관들에게 소리쳐 명한다. "역모자의 머리를 깃대 끝에 매달아 차례로 조리 돌리라" 선과 문무백관들은 얼어붙었고 백성들은 웅성거리기 시작한다. 김상로를 선두로 문무백관들이 이 잔인한 명을 따랐고, 이종성만이 거두어 달라 청한다. 이종성은 그 자리에서 충주로 귀향 보내졌다.

선은 아버지의 잔인함에 치를 떨면서 이 모든 광경을 두 눈 부릅뜨고 지켜본다. 〈나주 벽서사건〉과 〈토역경과 상변서 사건〉으로 박문수와 안정복은 사직하고 낙향했다. 선의 심정적 지지자인 소론이 무너졌다. 선의 곁에는 정한과 무념만 남았다. 〈나주 벽서사건〉과 〈상변서 사건〉을 겪으며 선은 다짐한다. '앞으로 절대로 내 사람들을 다치게 하지 않을 것이다.' 선은 노론에 맞설 자신만의 조직을 키울 계획을 세운다.

선은 일성루(창작된 세자의 서재)로 무념과 정한을 불러 자신의 계획을 터놓는다. 소론의 독자적인 노선을 걷는 박문수의 아들 무념은 적극적으로 지지했고 노론의 영수인 아버지를 부끄럽게 생각하는 정한은 반신반의했다. 잠시 후, 선이 신임하는 신경준이 들어온다. 선이 대리청정을 시작하던 첫해, 신경준이 고지도(군사도)로 증광문과에 급제해 선이 직접 어사화를 꽂아 준 첫 인연으로, 선은 신경준과 특별한 친분을 맺으며 지도제작에 대한 관심을 키워왔었다.
"우리나라 산수는 몇 개인가?"
"하나의 근본에서 만 갈래로 나누어지는 것은 산이요. 만 가지 다른 것이 모여서 하나가 되는 것이 물인데… 산은 백두산으로부터 12산으로 나누어지고 12산은 나뉘어 8로가 되옵니다. 8로의 물은 합하여 12수가 되고, 12수는 합하여 바다가 되옵니다."

"자네가 말한 조선의 산과 강을 눈으로 볼 수 있는 지도책이 있는가?"

"없사옵니다."

"자네들 세 사람이 힘을 모아 지도책 한번 만들어 볼 텐가?"

세 사람은 깜짝 놀란다. 세자의 의도는 좋으나 위험천만한 계획이다. 당시 모든 출판은 교서관(조선 최대 출판사)에서만 이루어졌고, 어떤 책을 만들고, 간행부수는 얼마고 심지어 교정과 편집까지 모두 왕의 결재를 받아야 하는 일이다. 더구나 지도서는 국방과 관련된 기밀문서로 분류, 병조나 훈련도감에서 특별관리 되고 있었다.

"비밀 출판소를 하나 만들면 되네."

정한은 선이 너무 경솔하다는 생각이 든다.

"출판소는 어디에 두고, 누가 관리를 하고, 자금은 어디서 구할 것입니까?"

"그걸 지금부터 자네들하고 의논하자는 거 아닌가? 백성들이 편안하고 잘 살려면 부국강병 해야 하고 그 방법은 길(도로)을 만드는 것! 치도가 나의 통치철학이네"

정한과 무념은 신경준을 본다. 신경준은 세자가 지도제작의 필요성을 인지하고 있다는 사실이 놀랍고 기뻤다. 신경준은

3대에 걸쳐 지도제작을 해 온 집 안의 장남이자 자신의 친구 장항령을 추천했다.

선은 노론도 아니고 소론도 아닌 새로운 조직을 만들었다는 생각에 가슴이 벅찼다. 그날 밤. 선은 미행을 나가 무념, 정한을 만났다. 조직의 이름을 "선원계"라 지었다 선은 일사천리로 일을 진행시킨다. 선은 자신이 북한산에 있는 삼천각으로 미행을 나갈 테니 신경준과 장항령을 부르라 명하고 환궁했다.

다음날, 선은 수리를 데리고 북한산 삼천각으로 간다. 삼천각 다각실에 모여 선을 맞이한 이들은 무념과 정한, 신경준과 장항령 4인이었다. 선은 장인정신으로 3대가 지도제작을 해 온 장항령을 처음 보았지만 신뢰가 간다. 선은 4인과 손을 맞잡고 선원계 선포식을 한다. 선원계원 주축인 이들은 이날, 세 가지 주요 사업에 대한 결정을 한다. 첫째 비밀 출판소를 만든다. 둘째, 산수고(산의 족보)와 강계고(강의 족보)를 집필한다. 셋째 그동안 금서로 지정된 책들과 역사 서적들을 언문으로 번역 출판한다.
선은 대리청정 중인 왕세자로 위 사안의 위법(영조의 윤허를 받지 않음)적인 책임을 지겠다고 약조했고 자신은 앞으

162

로 일성루를 확대건립해서 국립문서 보관소를 만들 것이라는 포부도 밝힌다. 장항령은 감동했다. 즉석에서 황해도에 있는 지도제작에 천재적 재능이 있는 제자 정철조를 추천한다. 만장일치로 비밀 출판소를 황해도 해주에 두기로 합의했고, 정철조 집에 출판 장비를 갖추어 중요한 지도와 서책은 직접 출판하는 방안도 논의되었다. 무념은 군사와 병법에 대한 기본 정보 수집을 돕겠다고 자청한다. 정한은 안성에 있는 성호에게 따르는 제자들이 많으니 성호를 선원계 원로로 추대하는 것이 좋겠다며, 모두 동의하면 자신이 성호를 찾아가 운을 떼보겠다 한다. 선은 출판에 필요한 종이는 이곳 삼천각(당시 종이를 만들어 궁에 납품하는 국가지정 사찰)에서 만드는 최상급의 종이를 대주겠다는 약조를 했다.

선은 세자시절부터 지금까지 수많은 경연과 강원에서 토론과 회의를 해보았지만 모든 사안에 대해 이처럼 신속하게 만장일치로 합의를 보기는 처음이라 무척 상기되었다. 이들이 자신 곁에만 있다면 못 할 일이 없겠다는 자신감도 생긴다. 모임을 파한 선은 일성루로 간다. 선은 선원계원들과의 미래를 설계하느라 시간 가는 줄 모른다.

이른 새벽, 수리가 일성루로 왔다. 수리는 선에게 어제모임에서 나온 이야기들을 일목요연하게 정리한 문서를 준다. 선은 수리의 꼼꼼함에 감탄했다. 수리에게 앞으로도 계속 선원계 회의록을 작성하는 임무를 부여, 수리도 정식 선원계 일원으로 참여하게 만든다.

며칠 후, 정한이 낙담한 얼굴로 선을 찾아왔다. 성호를 영입하는 데 실패한 것이다.
"그 이유가 뭐라 하시든가?"
"저하의 의도는 좋지만 당신이 참여하면 선원계원들의 운신의 폭이 좁아진다 염려했습니다. 또 여차하면 당쟁에 휘둘려 당신 제자들이 위험에 처할 수도 있는 일이라…"
"내가 설득해보지."
세자가 직접 나서겠다는 말에 정한은 놀란다. 당쟁에 밀려난 남인 출신의 이익은 사대부로의 벼슬길이 막힌 상태였다. 그리고 그의 진보적 생각은 노론에게 경계의 대상이었다. 그런 이익을 세자가 직접 만나겠다고 한다.

선은 내관 상수와 무녀을 부른다. 선은 내관 상수에게 자신의 면복을 입혀 저승전 침실에 눕혀놓고, 문밖에 무녀을 세워 만일을 대비해 놓고, 수리를 데리고 정한을 따라 안산에 있는 성호장(이익의 사가)으로 미행을 나간다.

선이 말을 달려 한 걸음에 안산에 도착했을 때 육영재(이익의 사교육장)에서는 시회(선비들끼리 모여서 각각 자신이 선호하는 옛 싯구나 시조를 읊조리는 일종의 선비들의 여가문화)가 열리고 있었다. 시회장은 성호와 그의 제자들은 물론 도성 안 서촌(인왕산 기슭)에 모여 사는 사대부 못지않은 지식과 재력을 갖춘 중인출신 지식인들도 참여해 활기가 넘쳤다. 시회는 자유로운 분위기 속에서 조정에 대한 풍자도 나오고 거침없는 비판도 했다. 나이 많은 조정신료들과 경연을 하며 매일 같은 결론만 내렸던 선에게 시회는 신선한 충격이었다. 그는 이익을 꼭 영입하고 싶은 욕심이 생긴다.

성호는 선의 갑작스런 방문에도 당황한 기색 하나 없이 예를 갖추어 선을 맞이했다.

"조정의 의논이란 늘 대관들이 억지주장을 하여 결단하고, 권력을 틀어쥔 자들은 백성들의 안위에는 관심이 없고, 자신들의 권세만 탐합니다. 성호선생의 지혜가 필요하오니 길을 안내해 주시지요."

성호는 빙그레 웃기만 한다.

"저하. 지금은 이익을 추구하는 욕망이 넘실되는 세상입니다. 이기적인 욕망이 충만한 세상에서는 윤리도덕과 예만 주장해서는 안 되고, 형벌을 밝히고 법을 단단히 적용하여 대관과 백성들이 위험을 두려워하여 죄를 적게 짓도록 하는 것이 천자가 할 일이라 사료되옵니다."
선은 성호의 사상과 가치관을 높이 샀다. 성호는 선의 열린 사고와 진취적인 기상에 마음이 동했다.

환궁한 선은 선원계원들의 힘이 커지기 전까지 철저하게 몸을 낮추기로 한다. 선은 되도록 영조와 맞부딪치는 것을 피했고. 그러려면 조정의 일에 관여하지 않아야 했다. 선은 공개적인 발언을 삼갔다. 긍정도 침묵, 부정도 침묵, 자신의 의사표현을 전혀 하지 않았고, 대리청정 시엔 무조건 세세한 일 하나하나까지 영조에게 미루었다.

갑자기 변한 세자의 행동이 못마땅하면서도 이상한 영조. 혹시 불온세력들이 주장하는 임인옥안을 믿는 것인가? 그래서 나를 무시하는 건가? 영조는 평생 자신의 정통성을 물고 늘어지는 역모 사건의 고리를 완전히 끊어야겠다고 생각한다. 세자는 물론 대소 관료들이 더 이상 거론할 수 없는 확실한 증명! 영조는 김상로를 불러 천의소감(의를 밝게 비춘다)을 편찬하라 지시한다. 경종시절 역신이었던 노론대신을 충신으로 신원 복원시켜 신임의리라 칭하고 임인옥안 (경종 2년, 목호룡이 경종을 죽이려는 역모를 고변하여, 노론 대신 이이명, 김창집, 이건명, 조태채를 사형, 연잉군을 역적의 수괴급으로 기록)을 임인국란으로 표기하라 명한다.

선은 자신의 입장을 숨기고, 천의소감 편찬사업에 신경준을 합류시켜 진행상황을 은밀히 보고 받는다. 선이 보기에, 천의소감은 국시를 밝게 한다는 명분을 내세웠으나 실제 내용은 경종 때 신임옥사로 출발해 나주벽서 사건까지 모두 영조의 입장에서 그 행위가 옳았다는 것을 강변하기 위한 책이다. '길도 가지 말아야 하는 길이 있고, 명령에도 받지 말아야 하는 명령이 있다' 선은 현재의 권력으로 과거를 뒤바꾸는 역사왜곡만은 막아야 한다고 결심하지만 또 아버지와 부딪칠 생각에 잠이 안 온다. 늦은 밤, 홀로 산책을 한다. 새벽 기도를 가던 모야가 선을 먼저 본다. 다소곳이 예를 올리는 모야,

"저하. 어인 일이시옵니까?"

"햐야…?"

모야는 자신을 하야로 착각하는 세자가 당혹스럽다.

"어느 전 나인이길래 이 야심한 시각에 동하느냐?"

"소인은 성수청 소속 무녀이옵니다."

"무녀?"

"소녀의 어미가 성수청 국무 백화이옵니다."

선은 그제야 모야를 알아본다.

"소녀, 새벽기도 가는 중이옵니다. 헌데 저하께서는 이 밤에

침수 드시지 않고 어인 일이시옵니까?"

선은 하야로 착각한 민망함에 모야에게 이런저런 이야기를 나누다. 어린 시절 피정 나갔다 하야를 처음 본 그 자리에 모야도 있었다는 사실을 알게 된다. 갑자기 하야가 몹시 그립다. 사실 단 하루도 하야 생각을 안 한 적은 없다.

선은 하야와 함께 지냈던 처소로 간다. 선은 텅 빈 처소를 둘러보다 복수간(목욕실)에서 하야의 장명루를 본다. 하야 생각에 빠진 선은 하야의 장명루를 손에 쥐고 깜빡 잠이 들어, 아침까지 편안하게 숙면을 취한다. 하야의 신기를 눌러주던 그 장명루가 선의 기를 안정시켰던 것이다. 선은 편안해졌고 그 어느 때보다 자신감이 충만해, 용기 내어 영조에게 독대를 청한다.

"임인국난이 역사왜곡이고 그리한 과인이 왕권을 남용한 것이라!!!? 태산은 결코 움직이지 않고 존재만으로도 보는 사람을 주눅 들게 하는 법, 태산 같은 왕이 되어야 한다고 가르쳤거늘… 언제부터 왕세자가 불온 세력들의 대변인이 되었단 말이냐?"
"아바마마, 과거사를 청산하고 가시옵소서. 새로운 분쟁을

일으킬 소지가 있는 불씨는 건드리지 않으면 저절로 꺼지옵
니다."

"입 다물지 못하겠느냐…"

선은 아버지를 설득하는 데 실패했다. 하지만 이 문제만큼은
물러설 수가 없다. 독단적으로 역사를 기록하기로 마음을 굳
히고 주변 사람을 둘러본다. 그의 눈에 들어오는 수리. 선원
계 회의록이 생각난다. 있는 그대로를 기록해 선도 깜짝 놀
랐었다. 선은 수리를 불러 검은 두건에 수리라 명패를 새긴
징표를 주며, 은밀히 가장사초(사관의 주관적인 판단을 적을
수 있는 사초로, 사관 집에 보관했다 실록청이 설치되면 제
출)를 두 부씩 작성하고, 자신에게도 보여 주지 말 것을 지시
한다.

수리는 퇴궐 후, 임인 옥안에 대한 사초를 작성하기 시작하
고 자신의 집 안에 보관한다. 선은 더 이상 아버지에 연연하
지 않고 자신의 길을 가기로 했다. 과거에 얽매이기 보다는
미래를 보는 군왕. 그의 목표는 부국강병이다. 지도책을 편
찬하여 팔도의 길을 열어 그것을 통해 백성들이 잘 사는 나
라를 만들고 싶다. 그러기 위해선 백성들의 생활 현장을 직
접 봐야 한다.

꼬리도 길면 잡히기 마련인데 미행이 잦다고 난감해하는 정
한과 수리를 데리고 장터로 나가는 선. 당시 시전에는 금난

전권을 가진 사람만이 장사를 할 수 있었다. 그 금난전권을 발행해 주는 관리의 뒷배는 바로 노론. 결국 상인들은 관료에게 부정자금을 대주었고, 그 돈은 노론에게 흘러들어갔다. 장터를 돌아보며 선은 노론의 돈줄을 끊기 위해선 금난전권을 혁파해야한다는 생각을 굳힌다.

시전을 돌아보던 선이 사람들이 모여 있는 곳에서 발걸음을 멈춘다. 한 맹인점쟁이가 점사를 보고 있다. 구경꾼들 틈에 서서 이를 지켜보던 선이 호기심이 발동, 점쟁이에게 다가가자, 사색이 된 점쟁이가 급히 판을 정리한다. 구경꾼들은 아쉬운 듯 흩어지기 시작하고 점쟁이는 홀로 남은 선에게 한마디를 툭 던진다.
"아버지와 아들은 마주 보고 있는데 이간질 하는 무리들이 숲을 이루니 죽을 때야 손을 잡겠네."
선은 자신의 속내를 읽는 맹인 점쟁이가 신기해 가까이 다가가려는데 어느새 점쟁이가 사라지고 없다. 그날 밤, 선은 미행을 마치고 도성으로 가기 위해 호젓한 산길을 가고 있는데 그때 맹인 점쟁이가 홀로 가고 있다. 선은 낮에 만났던 점쟁이를 다시 만나 반가운 마음에 그와 보폭을 맞춘다. 앞을 보지 못하는 점쟁이는 갑자기 길을 멈추고, 하늘을 본다.
"자미성(어진 사람의 운명을 관장하는 별)이 빛을 잃어가고 있습니다. 앞으로 5년 후에 자미성이 질 것이옵니다… 지금 저하의 몸 안에 신이 와 있사옵니다요. 저하는 지금 신병을 앓고 계시옵니다요."

"그 입 닥치지 못하겠느냐?"

격노한 선은 칼을 뽑아 점쟁이의 목을 치고는 혼절한다. 뒤따르던 정한과 수리는 순식간에 벌어진 선의 칼부림에 기암을 하지만 서둘러 시신을 치우고 흔적을 없앤다. 잠시 후 정신을 차린 선은 노여움 가득한 얼굴로 헛소리를 지껄이던 맹인 점쟁이는 어디 갔느냐 찾는다. 정한과 수리는 황망한 표정으로 서로를 보지만 약속이나 한 듯, 맹인 점쟁이의 끔찍한 죽임에 대해서 입을 굳게 다문다.

정한은 악몽 같은 그날의 일들이 뇌리를 떠나지 않았고 혼란스럽기만 하다. 왕세자가 신병에 걸렸다는 점쟁이의 말도 충격적이고, 점쟁이의 말을 무시하면 그만인 것을 그 말에 분노해서 사람을 죽이고, 거기다 자신이 저지른 짓을 기억조차 못하는 세자… 혼란스러웠지만 일단 선원계원들에게 이 사실이 알려지지 않도록 수리에게 입단속을 시킨다. 수리는 선원계원들에게 비밀을 지켰지만 가장사초에 그날 밤의 일들을 상세히 기록했다. 그런데 모야가 수리가 쓴 가장사초를 봤다.

모야는 경악한다. 겁이 난 모야는 백화에게 달려간다. 백화는 더 이상 자신의 신력으로 세자의 신기를 다스리지 못함을 절감하며 위기감을 느낀다. 이 사실이 중전에게 들어가면 성수청 국무 자리는 물론 목숨을 부지하기 어렵다는 것을 잘 아는 백화는 소화를 수소문하기 시작한다.

한편, 묘향산 깊은 산중에 있는 무무도원. 도성에 있던 천수당을 그대로 옮겨다 놓은 듯 닮은 신당 건물, 각방에서는 무녀들이 무무도 연습 중이다. 소화는 신당에서 부정놀이 춤을 추고 있다. 예부터 귀신의 살이 몸에 닿으면 반드시 재앙을 받는다고 했는데, 부정놀이 춤은 부정을 가셔 잡귀와 잡신을 몰아내고 재난과 홍액을 털어 없애 달라는 춤이다. 소화가 하야를 위해 부정놀이 춤을 통해 신과 교신 중이다.

무무도원 본관 건물 뒤편 깊숙이 폭포수가 흐르고 노천탕이 있는 별당. 노천탕에 몸을 담그고 있는 하야, 눈길 가는 곳마다 선만 떠오른다. 그녀는 선의 생각을 피하려고도 잊으려고도 하지 않는다. 부채를 활짝 폈다 접었다 춤이 한층 고조된 순간, 부챗살이 산산이 찢겨져 사방으로 튕겨져 나간다. 소화는 불길한 예감에 하야가 있는 별당으로 뛰어가 문을 박차고 들어간다. 목을 매 자살을 시도하려던 하야는 갑작스런 소화의 등장에, 멈칫한다. 소화는 하야에서 22년 전, 자신의 신기를 받아들이지 못해 자살했던 하야 생모를 본다.

'운명에 저항하면 끌려가고, 운명에 순응하면 업혀간다 했거늘… 신이여! 정녕 이 아기를 또 신딸로 삼으시렵니까?'

하야는 더는 못 버티겠다고, 이대로는 살 수가 없다며 눈물을 뚝뚝 떨어트린다. 갖은 문초로 죽음 문턱까지 갔다 온 하야는 선의 노력으로 죽음을 피할 수 있었다. 목숨은 부지했으나 궁에서 받은 고문의 충격과 무엇보다 실연의 상처가 깊었다. 처음으로 하야는 자신이 무녀의 딸이라는 사실이 치떨리게 싫다. 그 굴레를 씌워준 엄마에 대한 원망과 분노로 소화만 보면 경기를 일으키고 혼절을 거듭하다, 결국 스스로 목숨을 끊으려 목을 맸지만 그것마저도 엄마 때문에 미수에 그쳤다. 절규하는 하야. 소화는 그 울음소리를 뒤로 하고 신당으로 간다. 간절함 가득한 소화의 춤사위는 계속되고, 하야는 하염없이 눈물을 흘린다.

한편 미행중에 맹인 점쟁이를 죽였다는 사실을 기억하지 못하는 세자는 선원계 일을 적극적으로 추진한다. 점점 그와 뜻을 같이 하는 사람들의 수가 늘기 시작했고, 일성루는 늘 사람들로 북적이며 활기를 띤다. 귀향에서 풀려나 사가에 머물던 이종성 집에는 조현명 등 소론의 원로들이 자주 모였고, 선은 이들을 선원계로 영입한다. 김상로는 세자 선의 동태는 물론 영조의 태도를 면밀히 살핀다. 김상로가 보기에 이미 선은 소론의 왕세자였다. 세자가 힘을 갖기 전에 영조가 나서서 정리 하도록 그의 빌미를 잡으려 애쓰고 있는 중이다.

모야는 세자가 신병을 앓고 있다는 사실을 알고부터 대담해지기 시작했다. 왕세자와 자신이 신으로 연결된 공동운명체라니… 내심 기뻤다. 수리를 통해 세자의 동선을 파악해 한밤중에 우연을 가장해 산책길에서 자주 마주친다. 세자와 대화를 나누었고, 부적을 만들어 주기도 했다. 이는 양제박씨의 심기를 자극했고, 질투심에 눈이 먼 그녀는 한밤중에 모야를 불러 무녀 주제에 감히 세자에게 꼬리를 치느냐며 태형을 친다. 모야는 수치심과 분노감에 이 악물고 모진 매를 참아낸다. 이때 양제박씨 처소를 찾은 선이 모야를 본다. 당황한 양제박씨, 모야가 세자를 음해하는 소문을 퍼트리기에 내명부의 기강을 바로하기 위함이라 둘러댄다.
"날 음해하다니, 모야가 무엇으로 날 음해했단 말이냐?"
"저하, 차마 입에 담기 어려운 말이옵니다. 그냥 못 본 척 해주시옵소서…"

모야는 양제박씨 말만 듣고, 그녀의 처소로 들어가는 세자가 야속하다. 독이 오를 대로 오른 모야는, 양제박씨가 하야를 모함한 투서의 장본인이고 그 비밀을 알고 있는 자신을 죽이려 하는 것이니 그녀의 방안을 뒤져 투서를 찾으라 소리친다. 그 소리에 뒤돌아 모야에게 다가간 선,

"그럼, 저승각 화재사건의 진범도 알겠구나."

순간 당황한 모야는 고개를 젓는다. 갑자기 세자가 입을 열 때까지 매질을 계속하라 명한다. 불이 뿜어 나오는 듯한 눈길로 모야를 노려보는 세자를 보며 양제박씨는 언제 그 분노가 자신을 향할지 몰라 두려움에 떤다.

모야를 연모해 온 수리는 그녀를 살리기 위해 백화에게 알린다. 대조전으로 달려가 모야를 살려 달라고 매달리는 백화, 중전은 오히려 세자의 심기를 건드린 모야를 나무란다.

"세자가 하는 일에 내가 나설 수는 없네."

"저하의 신병을 다스릴 수 있는 무녀는 모야뿐이옵니다. 마마."

"네 이년! 입 다물지 못하겠느냐?"

"마마! 저하가 미행 길에 맹인 점쟁이를 죽였다하옵니다. 저하의 살기를 제거 할 신녀는 모야뿐이옵니다. 모야는 성수청의 국무로 저하를 지킬 운명을 타고난 신녀이옵니다. 이제

더는 마마의 힘으로 누를 수 없사옵니다."

중전은 백화의 말이 들어오지 않는다. 세자의 신병을 누르는
방책보다 지금은 세자의 신병을 누설한 백화를 죽여 입을 막
는 것이 우선이었다. 백화는 그런 중전의 마음을 읽는다. 대
조전을 빠져 나온 백화는 모야가 갇혀 있는 곳으로 달려간
다. 세자에게 딸을 살려 줄 것을 사정하면서, 저승각의 화재
는 자신이 저지른 것이라며 용서를 구한다. 세자는 싸늘한
웃음을 짓는다.

"거짓말 하지 말거라. 내가 니 위에 있으니라. 니들 모녀가
오늘 줄초상이 나야겠
구나. 너부터 죽여줄까?"

백화 목에 칼을 대는 세자, 모야는 공포에 질린다. 이미 세자
는 제정신이 아니다.

"중전마마이시옵니다."

선은 소리친 모야를 향해 칼을 겨눈다.

"중전마마는 투서를 한 이가 양제마마 인 것도 아십니다."

선이 자신을 돌아보자, 그 자리에 무릎을 꿇는 양제박씨, 중
전마마의 명을 받았을 뿐이라 자백한다. 그 길로 대조전으로
달려간 세자.

"무슨 연유로 저승전에 불을 내라 명하셨사옵니까?"

"이미 지나간 일이요. 세자. 이 어미를 위해서 더 이상 묻지

도 캐지도 말고 그냥 덮어주시오."

선은 도저히 이해가 되질 않는다. 왜 어마마마가 이 엄청난 일을 사주했단 말인가? 무엇보다 아무 죄도 없는 하야에게 누명을 씌워 죽이려 한 것만은 용서가 안 된다. 도대체 왜? 선은 모야와 백화를 자신의 처소로 불렀지만, 두 모녀는 이미 궁을 빠져나가 몸을 숨긴 뒤였다. 선은 양제박씨를 궐 밖으로 내치라 명한다.

저승전으로 달려와 매달리며 애원하는 양제박씨. 선은 매몰차게 내치고 밖으로 나간다. 그런데 양제박씨가 그 자리에서 즉사하고 만다. 그 소식을 들은 세자빈 홍씨는 윗 전에 알려지기 전에 시신을 궁 밖으로 내보내고, 뒷수습을 한다.

비원으로 나가 활쏘기를 하며 혼란스러움을 달래던 선은 경악한다.
'설마… 그냥 밀쳐내고 나왔는데… 믿을 수가 없다. 내가 사람을 죽이다니… 그것도 내가 사랑하고, 왕자를 낳아 준 여자를 죽였다니…'
선이 다시 저승전으로 달려갔을 땐 세자빈 홍씨가 모든 것을 끝낸 뒤였다. 너무나 침착하게 선을 맞는 세자빈 홍씨, 선은 그런 그녀가 무섭다. 아니 지금은 내가 더 무서워 몸서리가 쳐지는데, 그 순간 맹인 점쟁이 말이 떠오른다.

"당신 몸에 신이 있습니다. 신병입니다… 신병입니다…"

이 나라 국본이 내가 정말 신병이란 말인가? 선은 더 이상 자신을 용납할 수가 없다.

그날 밤, 선은 우물에 빠져 자살을 시도하지만 무녀에 의해 구조된다. 수리는 이 모든 사실을 가장사초에 기록하고 백화에게 이 사실을 알려준다.

중전이 이 사실을 알게 되고, 백화의 경고에 몸서리를 치며 그 길로 저승전으로 달려간다. 선은 끊임없이 들려오는 군화 소리 환청, 말 달리는 환청에 시달리며 중전을 알아보지 못한다. 세자빈 홍씨를 불러 세자를 보호해 달라 부탁하고, 소문이 퍼져 나가지 않도록 무녀와 수리를 단속한다.

이미 궁에서는, 세자가 미쳤다. 사람도 죽었다… 소문이 파다하게 퍼졌다. 선은 사람 만나는 것을 피하며, 모든 일에서 손을 놓았다. 영조에게 문안을 가는 일도, 중전을 찾는 일도 멈췄다. 자신의 신기를 의식하게 된 선은 이 사실이 알려질 경우, 영조가 무너지고 지금까지 이어 온 이씨 왕조자체가 무너질 수 있다는 두려움에 휩싸인다. 도저히 궁에 있을 수 없는 그는 밤마다 미행을 나가 거리를 해매다 새벽에야 들어

오곤 한다. 세자의 상태에 신경을 곤두세우고 있던 중전은 결국 몸져눕는다.

심상치 않은 선의 방황에 정한은 무념을 불러 무슨 일이 있느냐 다그친다. 끝까지 아무 일도 없다고 하던 무념, 하지만 정한의 눈빛엔 약하다. 10년간 함께 세자 곁을 지켰던 벗. 그에게만은 털어놓고 도움을 청하고 싶은 무념은 세자의 자살 시도부터 양제 박씨의 죽음까지 말한다. 경악하는 정한은 맹인점쟁이 말이 떠오른다. 정말 세자가 무병이란 말인가? 정한은 이 말을 차마 무념에게 하지 못한다.

세자의 행동에 겁이 난 세자빈 홍씨는 부부인에게 하소연을 한다. 딸이 걱정된 부부인은 잘 아는 점쟁이에게 세자의 점을 보는데 신이 왔다는 점괘를 듣는다. 충격에 남편에게 그 사실을 알리고 부원군 홍봉한은 최근 세자의 상태를 떠올리며 그것이 사실임을 확신한다. 아버지에게 세자가 무병임을 들은 세자빈 홍씨는 마지막 확인을 위해 중전을 찾아간다. 하지만 세자빈도 경계하는 중전. 무병에 대한 언급은 피한 채 선을 보호해야 한다며, 성수청의 백화의 신기로는 이를 해결할 수 없으니, 백화의 동생 소화를 찾으라고 한다. 세자빈은 중전의 말을 따르지만 마음속에선 세손을 지키기 위해 세자에게 등을 돌리고 있었다.

한편, 하야는 죽은 듯이 잠만 잔다. 간간히 정신이 들다간 혼
절하기를 반복하지만 소화는 가만히 지켜만 본다. 어차피 스
스로 이겨내야 살 수 있는 병이다. 소화는 산 기도를 떠나고,
그 사이 백화와 모야가 소화를 찾아온다.

백화는 무무도원을 둘러보다 별당에 잠들어 있는 하야를 보
고 경악한다. 백화는 순간, 하야가 내림굿을 받으면 그 강한
신기로 선의 신기를 누를 수 있다는 생각이 스친다. 하야와
마주앉은 백화, 갑자기 일어나 절을 한다.
"아기씨!! 아기씨의 운명은 세자 저하와 맞닿아 있으니 세자
저하 곁으로 가야합니다. 아기씨의 어머니는 명문세도가의
고명따님이셨습니다. 수련마님은 신병을 앓다 자결을 하셨
고 그 신이 대물림으로 아기씨한테 이어진 것입니다."
백화는 하야의 출생에 얽힌 비밀이야기를 터놓으며 내림굿
을 받고 성수청 국무가 되어야 한다며 하야의 마음을 흔든
다. 모야는 성수청 국무의 자리가 하야의 운명이라는 백화의
말에 배신감을 느낀다.

백화와 모야가 갔다. 하야는 친엄마가 따로 있었고, 죽음으

로 자신에게 대물림되는 신기를 막았다는 사실이 도저히 믿을 수가 없다. 무녀의 삶이 비천한 삶이며, 평범한 가정생활을 할 수 없는 신분이라는 것을 알았던 하야, 하지만 사대부집 핏줄로 친어머니와 자신이 철저하게 버림받았다는 사실이 더 충격적이고 서럽다. 그게 사실이라면 차라리 백화의 말대로 무녀가 되어 성수청 국무의 길을 가는 것이 좋지 않을까? … 혼란과 번민 속에 소화가 돌아오기만을 기다린다.

백화는 소화를 찾아 산을 오르다, 기도를 마치고 내려오던 소화와 만난다.
"저하의 살기가 동한 건 하야의 기운을 못 받아 그런 거 너도 알잖아? 하야를 내주면 성수청 국무로 키울게."
"성! 이제 성은 궁과의 인연이 다했어. 그 모진 업들 쌓고두 살아남았으니 이젠 끝낼 때요."
"소신공양! 내 그 방편을 쓰면 내 딸 모야를 국무로 밀어 줄 테야?"
"성이 소신공양을 한다고? 그럴 맘 있었으면, 저하가 처음 공수를 터트렸을 때, 그때 했어야지. 진즉 비밀을 터놓고 담판을 지었으면 봉보부인도 살았고, 애꿎은 목숨들 죽어갈 필요도 없었잖아."

백화는 마지막으로 중전을 찾지만 중전은 병환을 핑계로 피한다. 늦은 밤 취선당에 걸린 경종과 어대비 초상화를 걸어 가지고 나온 백화. 딸 모야를 국무로 자신의 뒤를 잇게 해달라는 부탁과 함께 세자의 신기를 누를 수 있는 최후의 방편인 소신공양을 한다. 그 소식을 들은 중전은 약속대로 모야를 성수청 국무로 봉한다.

세자의 무병사실을 알았지만 입을 굳게 다문 홍봉한은 노론의 실세, 김상로와 적극 손을 잡는다.

중전의 병세는 깊어만 간다. 숙환이 심해져 갑자기 손톱이 파랗게 변하고 검은 피를 토한다. 중전은 자신의 죽음을 직감하고 선을 부른다. 나인들을 모두 물린 중전은 선의 손을 잡는다.
"세자, 어떤 고난이 있어도 이기고 성군이 되어야 합니다. 세자는 억조창생을 이어갈 왕이 될 운명을 타고난 귀한 사람이라는 걸 결코 잊어서는 안 됩니다. 그동안 나는 세자를 지키기 위해 살아왔고, 죽고 나서도 세자를 지킬 것이오…"
선은 마지막 가는 순간까지 자신을 걱정하는 어머니 앞에서 오열한다.
중전이 선을 보낸 후, 영빈이씨를 불러 그녀에게 모든 비밀을 터놓는다. 태어날 때부터 신기를 타고났던 선, 열 살 때 공수를 한 사건부터 지금까지… 자신이 막아왔던 비밀. 이제 자네 아들을 자네가 지키라고 당부한다. 무슨 일이 생겨도 포기하지 말고 꼭 성군을 만들라는 하며 유언이 적힌 봉투를 준다. 청천 병력 같은 중전의 유언에 망연자실한 영빈 이씨. 중전 없이 세자를 보호할 수 있을지 앞날이 막막하기만 하다. 중전은 마지막 순간까지 냉철했다. 세자의 무병을 영빈 이씨에게만 알리고 세자빈 홍씨에게 친정아버지가 아닌 지아비를 섬기라며 뼈있는 조언을 한다.

1757년 (영조 33년) 2월 15일. 아침, 중전은 마지막으로 만난 사람은 영조였다. 선의 생모 영빈이씨를 가엽게 여기고 오래오래 가까이 두라고… 전하가 쌓아놓은 업적을 선이 이어받아 태평성대를 이룰 것이니 신료들이 함부로 하지 못하도록 방패막이가 되어 줄 것을 간곡하게 당부하고 숨을 거둔다. 그때가 중전 나이 66세, 세자 나이 23세였다. 영조는 평생의 정치적 동지요 인생의 동반자인 중전의 죽음을 받아들이기 어려웠다. 선 역시 자신의 무병을 알고도 평생 비밀을 지켰던 이 세상 유일한 자신의 편, 중전의 죽음에 절망하고 비통했다.
영조와 선의 갈등을 봉합하고 중심적 역할을 했던 중전의 죽음으로 영조와 선의 충돌은 극으로 치달았다. 영조는 중전의 죽음까지 선의 탓으로 돌렸다. 중전이 문안도 오지 않고 늦은 밤까지 미행을 나간 선을 기다리다 밤이슬 맞아 몸져 눕기 시작해 일어나지 못했다며, 선을 원망하며 툭하면 선을 불러 트집 잡기가 일쑤였다. 선의 의대증 증세도 갈수록 심해졌다.

그런데 얼마 안 있어 동생 화완옹주의 남편, 일성위 정치달도 죽었다. 한 달 후엔 할머니 인원왕후가 세상을 떠났다… 왕가에 겹 초상이 났고, 슬픈 기운에 눌린 선은 정신을 놓치기가 부지기수다. 선은 어떡하든 좋은 왕이 되겠다고 했던 중전과의 약속을 되새기며 무병을 이겨보려 안간힘을 쓰지만, 영조와의 대면에서는 알 수 없는 힘에 눌려 영조의 말에 토를 달다 번번이 영조의 진노를 사고, 그럴 때마다 혼절을 거듭한다. 영조는 선이 혼절할 때마다 꾀병이라며 소리소리 지르며 역정을 낸다. 선은 등이 칼로 저미는 듯한 고통 때문에 제대로 눕지도 못한다. 그리고 온 몸에 열꽃이 피고 종기가 난다. 영빈이씨는 그런 세자를 보니 억장이 무너진다. 영조를 찾아, 세자의 병세가 깊으니 친히 약을 내려달라 호소하지만 심약한 세자만 생각하면 울화통이 터지는 영조는 역정을 내며, 보란 듯이 숙의 문씨 처소로 가버린다.

하야는 소화 오기만을 손꼽아 기다리고 있다. 하야의 표정에서 소화는 모든 걸 체념하고, 수련에게서 받은 노리개를 꺼내준다.

"수련마님께서는 제게 두 가지 청을 남기고 돌아가셨습니다. 하나는 아기씨에게 글공부를 시켜 줄 것과 또 하나는 절대 신 내림을 받지 않도록 눌러 달라 하셨지요. 아기씨는 제 친딸은 아니지만 친딸보다 더 깊은 인연으로 맺어진 신딸입니다. 수련마님의 자결은 아기씨가 있었기에 신이 허락한 것입니다. 아기씨가 사는 것도 죽는 것도 수련마님의 업이옵니다."

하야는 그날부터 또 시름시름 앓기 시작한다. 본인이 제어할 수 없는 신기의 발병이다. 하야는 소화에게 정말 자신과 세자 선의 기운이 통하느냐고 묻는다. 어찌 그런 일이 있을 수 있느냐고…

소화는 하야에게 23년 전 세자가 태어나던 날에 대해 이야기해준다. 아무도 세상에 태어나기를 바라지 않았던 딸아기 하야. 그녀가 태어나기 12시간 전 같은 운명을 타고 난 왕세자가 있었다. 태어나자마자 울음을 그치지 않았던 집복헌의 세자는 하야의 탄생과 동시에 울음을 그치고 잠이 들었다. 가만히 소화의 이야기를 듣던 하야가 툭하니 말을 던진다.

"세자 저하의 무기를 가라앉힐 방법은 없나요?"

한편 궁에서는 성수청 국무 모야의 화기가 상충되어 세자는 열병에 시달리고, 신열이 열꽃과 종기로 올라오기 시작한다. 세자의 종기가 날로 성해가고, 애가 탄 영빈이씨는 영조를 찾아가 선의 병세가 위중하니 한번 찾아 달라 읍소하지만, 영조는 천하에 어찌 어비가 가서 자식을 보는 이치가 있느냐고 격하게 화를 낸다.

묘향산 무무도원 앞뜰, 하야가 소화를 신어머니로 모시고 내림굿을 받고 있다. 첫 조상신이 소화에게 실린다. 바로 하야의 생모 수련이다. 자신 대신 무녀가 되야 하는 딸에게 미안하다며 서럽게 우는 어미… 하야는 같이 눈물을 흘린다. 자신이 모실 신을 받은 하야, 그녀는 바로 작두를 탄다. 사람들은 강신이 왔다고 놀라워하고… 그렇게 눈물과 탄성 속에 하야는 무녀가 됐다.

무녀는 내림굿을 받은 직후가 가장 신험이 강하다. 소화의 딸이 내림굿을 받았다는 소문이 나자 공수를 받으려는 사람들이 모여든다. 그런데 내림굿을 받은 다음날, 하야가 사라졌다.

영빈이씨는 영조에게 세자가 종기가 심하니 온천에 보내 치료할 수 있게 해 달라고 간청한다. 하지만 세자에 대한 미움이 극에 달해있는 영조는 그 말을 믿지 않는다. 영빈이씨는 내의원 첨정에게 세자의 환부를 보게 하고 영조에게 상태를 고하게 한다. 세자의 병이 심각하다는 첨정의 말에 영조는 별궁인 온궁이 있는 온양 온천행을 허락한다.

온양으로 향하는 선, 곳곳에 극심한 가뭄으로 수확을 제대로 할 수 없는 논밭들을 보고 행차를 멈춘다. 백성들에게 농촌에 질고에 대해 듣고, 지방관을 불러 조세와 부역을 감면하라고 명한다. 그 소문을 들은 백성들은 세자의 은덕에 감읍하고 세자가 지나가는 곳마다 환호하는 백성들이 모여든다. 그 인파 속에 애틋한 눈으로 선만을 쫓고 있는 하야, 하지만 선은 알지 못한다.

과천에서 유숙하는 세자일행. 자신을 따르던 백성들을 본 선은 그 감격에 잠을 이루지 못한다. 무병을 이기고 백성을 위한 왕이 되겠다고 다짐하는데 그때, 무녀이 들어와 서찰을 건넨다. 봉투에서 서찰을 꺼내는데 툭 떨어지는 장명루. 순간, 선은 충격에 굳는다. 하야의 장명루다.

'세자 저하, 내일 밤 자시 수원에 있는 화산에서 뵙고 싶습니

다…’

하야가 주고 갔다는 말에 선은 밖으로 달려 나가려다 멈춘다. 분명 잊기로 했다. 잊었다. 방금 전 백성들만을 위한 왕이 되겠다고 다짐하지 않았던가. 선은 서찰과 장명루를 무녕에게 준다.

“오늘 넌 나에게 아무 것도 전하지 않았다.”

다음날, 세자 일행은 온양 쪽으로 길을 재촉한다. 연 안에 앉아 백성을 바라보는 선, 자꾸만 하야의 서찰이 떠오른다. 고개를 저으며 마음을 다시 잡아보는 선. 연 밖에서 호위하는 무녕은 계속 세자의 기색을 살핀다. 얼마 전 하야가 보낸 사람이 무녕을 찾아왔다. 그녀의 부탁대로 영빈이씨에게 서찰을 전해주는데, 하야는 자신이 내림굿을 받을 것이고 그 기운으로 세자 저하의 무병을 고칠테니 세자를 궁 밖에서 만나게 해달라는 내용이었다.

영빈이씨는 무녕과 방법을 의논했고 온양행궁 계획을 세우게 됐다. 그런데 세자가 하야를 만나지 않겠다고 한다. 일행은 수원을 지나 남쪽으로 내려갔다.

“누구냐?”
그날 밤 세자 숙소를 순찰하던 무녕은 갑자기 나타난 검은

그림자에 경계태세를 갖춘다. 달빛에 그 모습을 드러내는 세자,

"무념아 달빛이 너무 좋은데 밤 산책이나 가자. 말을 준비하거라."

세자는 무념과 수리만 데리고 화산으로 말을 달린다. 그 무리를 정한이 몰래 뒤따른다.

계곡을 타고 오르던 선은 절벽 끝 평평한 대지 위에서 춤을 추고 있는 한 여인을 발견한다. 달빛 아래 무무도를 추는 여인, 하야다. 선은 신비롭고 환상적인 하야의 춤사위에 압도되어 천천히 그 앞으로 다가간다. 따라가려는 수리를 제지하는 무념. 숨어서 지켜보는 정한의 표정이 싸늘하게 굳어진다. 하야의 춤을 보면서 깨질듯 아팠던 머리도 터질 듯한 마음도 안정이 되는 선, 춤을 마친 하야가 그의 앞으로 와 손을 잡는다. 서로 마주 보는 두 사람⋯ 그렇게 한참을 말을 잊은 채 있는데 어느새 선의 얼굴에 피었던 열꽃이 하나 둘 가라앉는다. 하야가 천천히 손을 놓는다.

"너는 알고 있었느냐, 내가 무병이라는 것을?"

"궁에서 저하를 뵈올 때는 몰랐사옵니다. 하지만 무녀가 된 지금은 아옵니다."

"무녀가 되었다고?"

"더 이상 번민하지 마십시오. 저하는 이길 수 있습니다. 저의 기운까지 다 드렸으니 꼭 이길 것이옵니다."

하야가 자신을 위해 내림굿을 받았다는 알게 된 선은 그녀의 사랑에 가슴이 저리다. 그녀의 손을 잡는 선. 하지만 하야는 그 손을 떼어낸다.

"이제부터 저를 잊고, 지난 일을 잊고 성군이 되는 것에 매진하십시오."

하야는 선에게 이별의 큰 절을 올린다. 그리고 마음이 흔들릴 때마다 읽으라며 옥추경을 주고 그 자리를 떠난다. 차마 하야를 잡지 못하는 선. 여기서 헤어지는 것이 나을 것이다. 선은 달빛에 보이는 산을 둘러본다.

'그래, 화산의 나무들, 산짐승, 너희 모두가 증인이다. 나는 신보다 강한 성군이 될 것이다.'

운명의 땅 화산, 29년 후 그는 다시 이곳으로 온다. 앞날을 예견한 것일까? 자신이 영면할 자리 앞에서 선은 신을 거부하고 강한 왕이 되겠다고 다짐했던 것이다.

숙소로 들어오던 무녬은 그를 기다리고 있는 정한을 보고 당황한다. 밤공기가 좋아 잠시 주위를 돌아봤다고 둘러대고 들어가는 무녬에게 불같이 화를 내는 정한. 세자가 아직 하야를 연을 맺고 있다는 것도 놀랍지만 그녀가 무녀가 됐는데도 만났다는 사실은 더더욱 용납되지 않는다. 사정을 말 할 수 없는 무념은 이해해 달라고만 되풀이 하며 그를 잡지만 정한은 차갑게 돌아선다.

온양온천에 도착한 날, 가뭄을 달래줄 반가운 비가 내린다. 상서로운 기운이라고 좋아하는 선, 그런데 자기 몸에 종기와 열꽃들이 모두 사라져있는 것이 아닌가. 정말 하야의 기가 자신의 무기를 눌러준 것일까? 선은 어느 때보다 머리가 맑고 몸이 강건해진 것을 느낀다. 순간 눈물이 핑도는 선. 그를 위해 무녀가 된 하야, 자기를 잊으라고 했다. 하지만 잊어야 한다고 생각할수록 그녀에 대한 그리움이 커진다.

계획대로 선원계원들이 모두 온양에 모인다. 이곳으로 오면서 세자가 조세와 부역을 감면한 일에 백성들이 성군이 될 것이라고 칭송하는 소리를 들은 선원계원들은 한껏 고무돼있다.그들이 여기 모인 것은 산수고와 강계고 초판을 검토해 보기 위해서다. 아까부터 다른 계원과 달리 정한의 표정은 냉기가 흐른다.
"이런 지리서가 발각되면 다 역모로 몰릴 텐데 그땐 어떡하실 겁니까?"
순간 찬물을 끼얹은 듯 조용해진다.

"걱정 말게 그건. 당연히 내가 책임질 거야. 자네들의 목숨은 내가 지킬 거네."

"세자 저하만 빠져나가는 게 아니구요?"

무념이 정한을 말린다.

"그렇지 않습니까? 역모가 났다고 해서 설마 주상께서 저하를 죽이시겠습니까? 저하께서도 남의 목숨 보다 자기 목숨이 소중할거고."

순간, 세자의 안색이 변한다.

"날 못 믿으면 자넨 여기 왜 있나? 날 그렇게 생각한다면 가. 자네야 말로 목숨이 아까운 것 같은데. 그런 사람은 나도 못 믿네."

"저하를 정말 모르겠습니다. 알면서 모르는 척 하는 건지, 정말 모르는 건지."

정한은 인사도 없이 나가버린다.

노론 영수의 아들이지만 백성을 착취하는 권력을 싫어하고 정의를 추구했던 정한. 10살 때 글동무로 만나 지금까지 누구보다 선의 편이 되어주었다. 그런 정한이 선에게 맞섰다. 믿었던 만큼 서운함과 배신감에 선은 한양으로 가는 정한을 잡지 않는다. 결국 선원계의 회의도 중도에서 끝이 나고, 선도 환궁하기로 한다.

그런데 문제가 생겼다. 선원계 회의 때 속에서 끓어오르는 소리, 정한을 독대할 때 나왔던 분노… 하야가 덕분인지 며칠간 잠잠했던 무병의 기운들이 다시 승하기 시작한 것이다. 아버지를 만날 일부터 걱정이 앞서는 선.

궁 안의 분위기는 달랐다. 세자가 온양행궁에서 백성들의 칭송과 찬사를 한 몸에 받았다는 소식에 의외로 영조가 크게 기뻐하며 칭찬을 한 것이다. 무슨 사고라도 있을까 노심초사했던 세자빈 홍씨와 영빈 이씨도 한숨을 돌린다.

노론은 위기감을 느낀다. 이것을 계기로 반목하던 부자 사이가 좋아지면 세자가 힘을 얻을 수 있다. 어떡하든 세자의 성장을 막아야한다. 그런데 생각지도 않은 기회를 영조가 준다. 세자가 온양에서 돌아와 진현을 하려는데 영조는 긴 여정에 피곤할거라고 몸조리 후에 오라는 명을 내린 것이다. 선은 아버지 앞에만 가면 승하는 기운들을 스스로 누를 때까지 시간을 벌 수 있다는 생각에 그 결정에 감사한다. 그동안 온양에서 완성하지 못한 일들을 할 수 있다. 그런데 그 기간은 예상보다 너무 길어진다.

온양에서 온 지 열흘이 지났을 때 선은 문안인사를 가기 위해 준비를 했다. 그런데 문 앞에서 영조가 막고 서 있는 게 아닌가. 놀라 부복을 한다.

"네 이놈! 니가 날 이기겠다고. 하하하 그래 이겨 보거라, 가소로운 것!"

점점 멀어지는 목소리 고개를 들면 아무도 없다. 헛것을 본 것이다. 그 때부터 문안을 가려고 하면 헛것이 보이고 이명이 들린다. 선은 이 기운을 잠재울 때까지 일성루에 칩거하기로 한다. 그리고 내관 상수와 나인 한 명, 수리와 무녑만 방에 출입 시킨다.

궁 안에 흉흉한 소문이 돈다. '온양행궁에서 이상한 병이 옮아왔다', '세자궁에 여자들로 가득 차 있고 세자가 그 치마폭에 쌓여있다' '세자가 귀신과 산다. 세자궁이 향냄새로 진동한다…'

영조에게 문안인사를 가지 않는 것은 물론 세자빈마저 일성루에 들이지 않는 선.

성균관, 승정원, 약방도제조 등에서 차자를 올려 진현을 권하면 선은 약방의 입진 외에 모든 청대를 거부했다. 사람들을 만나지 않으니 신하들도 선의 얼굴을 볼 기회가 없다. 영의정 김상로는 도무지 세자의 행동이 이해가 되지 않는다. 부왕의 진현도 거부하고 무슨 일을 도모하는지 궁금증을 넘어 초조하기까지 하다. 김상로는 경춘전(옮긴 세자 처소)으로 가 입대를 청한다.

"치통과 두통으로 고통이 심해 정신이 어지러우니 차도가 생기면 불러 접견 하겠으니 물러가라."

김상로는 분명 세자가 무슨 일을 꾸미고 있다고 확신한다. 하지만 세자가 무엇을 하든 시간이 갈수록 임금과의 사이가 나빠질 테니 이 상태도 나쁘지 않다.

김상로의 예상대로 영조의 심사가 많이 틀어져있다. 세자의 몸을 생각해 진현을 받지 않은 건데 그 핑계로 몇 달째 문안인사를 오지 않다니, 도저히 있을 수 없는 일이다. 불러 혼쭐을 낼까 생각했지만 언제까지 안 오나 세자와 기 싸움을 하는 영조. 계비로 들어온 정순왕후와 숙의 문씨는 기회가 될 때마다 세자를 비난하며 그의 심기를 더 불편하게 만들었다. 그 사이에서 애가 타는 사람은 세자빈홍씨다. 세자를 대신해 매일 세손과 같이 영조한테 문안인사를 드린다. 처음엔 세자의 병 차도를 묻던 영조, 하지만 이제 세자라는 말을 입 밖에 내지도 않는다. 저 화가 언제 폭발할지 모른다.

매일을 살얼음판을 걷는 것 같은 세자빈. 다행인 것은 영조가 세손을 어여삐 여긴다. 어린 시절 세자에게 했던 것처럼 자주 세손을 경연 자리에 불러 신하들에게 자랑하기를 즐겨했다. 세자의 괴이한 행동을 그대로 놔둘 수 없는 영빈 이씨는 매일 같이 거절당해도 입대를 청했다. 결국 사람의 힘으로 될 수 없다는 생각에 국무 모야를 불러 세자가 밖으로 나올 수 있는 부적을 써달라고 부탁한다. 하지만 아무 효험이 없다. 모야는 당황한다. 선에게 온 신은 자신이 근접할 수 없는 강신이다. 영빈 이씨는 더 이상 방법이 없는 것인지 절망한다.

무병과 싸우면서 선은 무념과 수리를 통해 선원계원들의 일은 비밀리에 진행시키고 있다. 무념은 계속 정한이 걸린다. 온양행궁 이후 선도 정한을 찾지 않는다.
"저하, 정한이 그 친구 불러서 술이나 한잔 하면 어떻겠습니까?"
"벌써 나도, 선원계도 상관없다고 하는 이, 미련을 둬서 뭐하겠는가."
세자의 화가 아직 풀리지 않았다고만 생각하는 무념. 어떡하든 둘 사이를 화해시키려 정한에게 간다. 그런데 그도 세자와 똑같은 말을 하는 것이 아닌가.

선원계원들이 관서지방 조사를 마치고 돌아와 세자 선을 찾는다. 변법을 위해 팔도의 지형과 백성들의 삶을 조사하고 있는 선원계들. 관서지방엔 국제무역이 활성화되고, 인삼을 재배, 부를 쌓으면서 문화적 욕구를 위해 공부를 한 평민지식인층이 급속히 성장하고 있는 현황을 보고한다. 팔도에서 가장 상업이 활성화 되고 부를 축적하고 관서지방, 선은 직접 가서 눈으로 확인하고 싶어진다. 그리고 떠오르는 얼굴… 하야. 무병과 싸우면서 하야가 너무도 그리웠다. 그럴 때마다 옥추경을 읽었다. 하지만 그것으로 채워지지 않았다. 악몽에 시달렸을 때도 종기로 제대로 몸을 가눌 수 없었을 때도 그녀가 옆에 있으면 그 고통이 사라졌다. 지금 이 고통도 그녀가 있으면 이길 수 있을 것 같다.

황해도 해주에 있는 정철조의 비밀 출판소를 찾아 지도제작과 역사 언문 출간 상황을 확인할 계획에 있었던 선은 무념과 수리를 데리고 관서 미행을 떠난다. 그런데 평양에 도착해 잠시 머물고 있던 선의 숙소 마루 기둥에 화살이 날아와 박힌다. 하야의 목숨이 경각에 달렸다는 급보였다. 선은 한걸음에 묘향산의 무무도원으로 달려가고 갑작스런 세자의 방문에 놀란 소화는 앞을 막아선다.
"세자 저하가 오실 곳이 아닙니다."
"하야를 만나야겠다."
"이미 그 아이는 무녀이옵니다. 세자 저하와는 만나서는 안되는 처지이옵니다."

"그건 누구의 법이더냐? 당장 하야를 데리고 오너라."
서슬이 퍼렇게 소화를 호통 치는 선. 소화는 더 이상 막을 수 없음을 느낀다.

선은 그토록 그리던 하야를 만난다. 그런데 하야는 그의 옆에 오지 않으려 한다. 성큼성큼 하야의 곁으로 가 그녀를 안는 선.
"아니 되옵니다, 저하. 천한 무녀를…"
"나는 이 나라의 국본이다. 임금이 되면 온 백성을 보살피고 지켜야 한다. 사랑하는 여인 하나 지키지 못한다면 어찌 온 백성을 지킬 수 있겠느냐?"
그날 밤, 선은 고통에서 벗어나 편안한 잠을 잔다.
신녀는 여자로 살 수 없고 남자를 품으면 신기가 떨어진다는 소화의 경고. 하지만 하야는 선이 편안한 잠을 잘 수만 있다면 신의 그 어떤 벌도 받을 수 있다. 이후 선의 관서지방 미행이 잦아진다.

세자가 칩거한 지 여덟 달이 넘어가고 있던 어느 날 밤, 북촌 김상로의 집에선 노론 가신들이 술자리를 벌이고 있다.
"세자가 아무래도 제 정신이 아닌 것 같습니다. 이대로 방에서 나오지 않으면 만사형통이겠습니다."

"그러면 좋겠지만 조만간 주상전하가 한바탕 폭풍우를 치실 것 같은데요?"

"그럼 더 좋지요. 신하들 앞에서 혼쭐을 내주면 세자 체통이 더 땅에 떨어질 테니."

"요즘 주상전하께서도 세자는 생각도 안하는 것 같아요. 세손이 내 뒤를 이을 수 있어 든든하다는 말을 몇 번이나 하셨어요."

영조의 뒤를 세손이 이어야한다는 쪽으로 의견을 맞춘 노론의 가신들은 기분 좋게 술자리를 파한다. 거나하게 술에 취해 사랑채로 가던 김상로가 놀라 소리를 친다.

"웬 놈이냐?"

사랑채에서 복면을 한 사내가 나와 담을 넘고 사라진다. '저 놈 잡아라!' 외치며 사랑방으로 들어선 김상로, 방바닥에 서책 한 권이 떨어져 있다. 후원을 거닐던 정한은 아버지 소리에 사랑채로 달려가는데 복면을 한 사내와 맞닥뜨린다. 옆을 바람처럼 지나가려는 사내의 복면을 낚아채는 정한, 하지만 사내의 일격에 정신을 잃고 만다. 잠시 후 눈을 뜬 정한, 그의 손에 찢어진 복면 천조각이 있다.

김상로는 술이 확 깬다. 서책에는 그동안 세자와 선원계원들의 활동들이 날짜별로 소상히 적혀있다. 세자가 언제 이런 일들까지 하고 있었는지 기암을 하고 있는데 정한이 인기척을 낸다. 책을 감추고 아들과 마주앉은 김상로.

"도둑고양이를 내가 취기에 잘못 봤구나."

창에 비친 책 읽는 김상로의 그림자를 봤던 정한은 아버지가 뭔가를 숨기고 있음을 직감한다. 그런데,

"근자에 세자저하와 관서지방에 간 적이 있느냐?"

"제가 저하를 만나지 않은지 수개월이 넘는 건 아버님께서도 잘 아시지 않습니까?"

"그럼 넌 선원계원과 무관하단 말이냐?"

당황한 정한은 처음 듣는 말이라며 자리에서 일어난다. 아버지가 선원계를 알고 있다니, 분명 일이 잘못 되고 있는 것이다.

그날 밤 무념을 찾아가는데 무념은 선과 관서지방 미행중이다. 이 사실까지 아버지가 알고 있다는 건 그동안의 모든 일을 알고 있다는 것을 의미한다. 정한은 세자에게 엄청난 위기가 닥칠 것 같은 불길한 예감이 든다.

김상로는 서책에 적힌 세자의 행적에 충격을 넘어 위기감을 느꼈다. 법부터 경제까지… 세자는 영조를 뛰어넘는 왕의 될 재목이었다. 거기에 이미 소론과 결탁해 자신의 사람들까지 조직화 시켰다. 영조의 나이 69세, 언제 쓰러질지 모르는 노

인이다. 만약 내일이라도 임금이 승하한다면 선은 왕위에 올라 노론을 칠 것이다. 자신들이 세자를 너무 얕잡아 봤다. 다음날, 김상로는 은밀히 홍봉한과 홍인한형제를 부른다. 노론의 실세지만 세자빈 홍씨의 아버지인 홍봉한. 과연 그는 누구 편에 설 것인가? 세자의 행적을 이야기하며 그를 떠보는 김상로. 홍봉한이 침묵으로 긍정의 뜻을 표하자 그는 노론의 중신들을 모아 선을 폐세자시킬 계획을 세운다.

그날 아침 선원계원들이 의금부로 잡혀온다. 그 시각 김상로와 홍봉한은 영조를 찾아가 역모를 도모하는 무리들이 적발되어 의금부로 압송중이라 고한다.
"당장 세자를 부르라~"
역모라는 말에 격노한 영조는 대리청정을 하면서 정사를 돌보지 않고 있는 세자부터 찾는다.
"황공하옵니다. 이 사실을 듣고 저하를 찾아갔지만 처소에 아니 계셨사옵니다.
평양으로 미행을 가셨다고 합니다. 전하, 이 모든 것이 신의 불찰이오니 벌하여 주옵소서."
세자가 평양 미행을 갔다는 말에 영조의 인내심은 한계를 넘는다. 노기에 부들부들 떨며 당장 군사를 보내 세자를 잡아오라는 명을 내린다. 그리고 역모자들의 추국을 김상로에 맡긴다.

편전을 나온 홍봉한은 세자빈의 처소로 간다. 사태를 이야기
한 그는 세손을 지키는 일은 이 길 뿐이라고 딸에게 어떤 일
이 일어나도 가만히 있을 것을 당부한다. 이제 마지막 일이
남았다. 다시 편전으로 가는 홍봉한. 죄인이 되어 영조 앞에
무릎을 꿇고 읍소한다.
"전하, 신에게 모든 벌을 내려주옵소서."
"무슨 말을 하는 것이요?"
"차마 아뢰옵기 송구하오나 의금부에 잡혀온 인물들이 세자
저하와 친분이 깊다고 하옵니다. 자칫 일이 커지면 저하께서
다칠 수 있으니 조용히 덮으심이…"
영조가 자리에서 벌떡 일어선다. 세자와 친한 자라니… 순
간 떠오르는 기억들. 문숙의가 세자가 북한산성과 평양을
오가며 군사를 도모한다고 했을 때 세자를 모함한다고 혼을
내고 두 달간 처소에 발을 끊었었다. 그리고 여덟 달 동안
자신에게 문안조차 오지 않았다. 머릿속에 조각들이 맞춰질
수록 역모라는 말이 더욱 뚜렷해지는 영조, 충격에 비틀한
다. 하지만 여기서 흔들리면 안 된다는 극도의 자제력으로
명을 내린다.
"세자를 당장 잡아 옥에 가두시오. 당장~"

그 시각, 궁 안에서 어떤 일이 벌어지고 있는지 모른 채 선이 하야를 데리고 도성 안으로 들어온다. 이번 관서행은 완성된 지도책을 보는 것과 하야를 궁으로 데리고 오기 위해서였다. 완판도 마음에 들고 이제부터 하야와 같이 지낼 생각에 한껏 기분이 좋은 선이다. 순간, 달려오던 말이 그의 앞을 막는다. 수리다. 선원계원들이 역모로 몰려 의금부에 송치되었다는 수리의 말에 불길한 예감이 드는 선. 그는 수리에게 연통을 넣어 정철조를 피신시키고 하야를 일단 안전한 곳으로 피신시키라고 한다. 그리고 궁으로 말을 달리는 선, 궐문 앞에는 그를 체포할 금부도사 구선복이 기다리고 있다.

세자가 의금부 감옥에 갇혔다는 전언을 받은 후 아무 명을 내리지 않는 영조. 문초 당하는 선원계원들의 신음 소리에 세자는 순간순간 목줄을 죄어오는 고통에 시달리지만 이를 악물고 버티고 있다. 모든 상황을 진두지휘한 사람이 김상로란 수리의 말이 귀에 맴돈다.

김상로의 사랑채에선 정한이 문갑들을 열고 서류철과 책들을 뒤지고 있다.
이것저것 펴보지만 찾는 물건이 없다. 일어나 벽장 속 쌓여진 책들을 살펴보는데 그 뒤쪽에 저장고가 눈에 들어온다. 그 안에 들어있는 서책 한 권!

그날 밤, 정한이 선을 찾아온다. 그런데 세자의 눈빛이 낯설다.

"믿는 도끼에 발등이 찍힌다더니… 먼저 가까운 자를 다스리고, 나중에 먼 자를 다스린다 했거늘… 내가 이리도 경솔한지 이제야 알았네."

순간, 정한이 얼굴이 굳는다.

"기억하나? 천하의 영웅호걸은, 얼굴은 성벽만큼이나 두껍고 속은 석탄처럼 시커매야 한다. 〈후흑〉에 나오는 말이라고 자네가 알려줬지. 그 당사자가 천하의 영웅호걸이었군. 그래 죽마고우인 왕세자를 팔아 자네가 얻은 것은 무엇인가?"

"고쟁이를 열두 벌 입어도 보일 건 다 보입니다. 애써 가렸다 해도 들키면 헛일이 아니옵니까?"

정한은 서늘한 표정으로 세자에게 등을 돌려간다.

의금부에서 나온 정한은 그 길로 무녀의 집으로 향한다.

"자네도 나를 의심하는가?"

"그럴 주변머리라고 있으면 이렇게 답답하고 고지식한 인사가 되지 않았겠지."

자기를 믿어주는 무녀을 보는 정한.

"자네가 안 됐어. 가장 아끼는 사람들이 다 큰 도둑이니."

품에서 복면의 찢어진 천 조각을 무녀에게 준다.

"어젯밤 집에 복면을 쓴 자가 들어왔어. 그자가 아버지에게 가장사초를 준 것 같아. 이것이 내가 세자 저하와 자네에게 하는 마지막 의리일세."

가장사초가 김상로의 손에 있다는 사실에 놀란 무녀, 그런데 천 조각을 보는 순간 더 큰 충격에 휩싸인다.

세자가 역모로 옥에 갇혔다는 소식은 순식간에 궐 안에 퍼진다. 세자 걱정에 한걸음에 수리를 찾아 일성루로 왔던 모야. 아무리 기다려도 수리가 오지 않는다. 세자가 칩거했다는 곳, 호기심에 모야는 안으로 들어간다. 어두운 방안을 둘러보며 선의 기운을 느끼려 하는데 구석 방바닥 아래에서 불빛이 새어나온다. 선이 지하에 만들어 놓은 비밀 신당! 모야는 놀라 입을 다물지 못한다. 그동안 선은 신을 받들고 있었던 것인가?

다음날, 영조는 역모자들을 직접 친국하겠다고 한다. 그 소식을 들은 영빈 이씨는 영조에게 달려가 그 앞에 무릎을 꿇는다.

"세자는 지금 제 정신이 아닙니다."

"제 정신이 아니라니. 그럼 그 놈이 미쳤단 말인가?"

"세자는 병을 앓고 있습니다."

당황하는 영조에게 영빈 이씨는 중전이 남긴 유서를 전한다. '전하가 이 편지를 읽으신다는 건 분명 세자에게 큰 일이 터졌기 때문일 것입니다…' 유서를 잡은 영조의 손이 부들부들 떨린다.

어린 시절부터 신병 기운이 있었다는 세자, 그의 안위를 위해 숨겨왔던 자신의 죄를 털어놓으며 세자의 병을 받아들이고 우리 아들을 꼭 지켜달라는 중전의 마지막 유언에 영조는 정신이 아찔해지며 털썩 주저앉는다. 도저히 믿을 수 없는 영조, 내관 상수를 부른다.

"지금부터 하나의 거짓도 있음은 안 될 것이다. 그리고 지금부터 나와 한 말이 토씨 하나라도 발설될 때는 니 목을 칠 것이다."

사시나무 떨듯 벌벌 떠는 상수는 그동안 세자의 행적에 대해 고한다.

일성루로 달려간 영조는 지하신당을 눈으로 확인한다. 갑자기 국왕의 친국이 취소된다. 그날 밤 선은 영조의 침전으로 끌려온다. 내관과 나인들 모두를 융복전 밖으로 내보내고 독대하는 영조와 세자.

"내가 하늘이 무너지고 땅이 꺼질 말도 안 되는 소릴 들었다. 선아!"

처음으로 아버지가 자신의 이름을 불렀다. 놀라 보는 선, 고통에 일그러진 영조의 얼굴을 보며 아버지가 자신의 신병 사실을 알았음을 직감한다.

"아니지? 역모를 숨기려고 지어낸 얘기지? 사실대로 말하라. 아니라고 말하라. 내 용서할 터이니 역모를 한 것이었다고 말하라."

눈물을 흘리며 아들의 대답을 재촉하는 영조.

"아바마마…"

선은 오열한다. 이 기막힌 현실에 영조는 억장이 무너진다.

칠십 평생, 질곡 많은 삶을 살았다. 왕이 되기까지 죽음의 위협에 시달렸고 왕의 되어서는 형을 죽이고 왕이 됐다는 정통성의 문제에 시달렸다. 하지만 거기에 굴복해 본적이 없는 영조다. 자신을 비난하는 모든 사람들을 제압하고 힘 있는 왕으로 권좌를 지켰고 자신의 뜻한 바를 모두 이뤘다. 그런데… 세자가 신병이라니. 과연 왕의 힘으로 막을 수 있을까? 영조는 덜컥 겁이 난다. 이 사실을 아는 사람은 누구인가? 만약 신하들이 사실을 알게 된다면 이씨 왕조가 무너질 수도 있다.

영조는 은밀히 내관 상수를 암살하고 왕세자의 신병비밀을 아는 소화와 하야를 제거하라 명한다. 위기를 예감한 소화는 급히 소녀무녀를 궁으로 보내 하야와 세자를 떼어 놓아야만 마지막 살 방도를 찾을 수 있다는 마지막 공수를 전하고, 잠시 후 굿당에 큰 불길이 치솟고 소화는 화염 속에 죽음을 맞는다. 살아남은 모야와 성수청 무녀들은 영조의 명 아래 모두 지하 감옥에 갇혔다.

소화가 보낸 소녀무녀를 먼저 만난 사람은 수리였고, 수리는 하야를 도성모처에 피신시키려 하지만 자신의 신기를 나눠 줘야만 세자의 위기를 넘길 수 있다고 믿는 하야는 혼자 떠나는 것을 거부한다. 하지만 수리는 세자 무병의 증좌인 네가 있으면 세자가 죽는다며 하야를 설득해 도성 밖으로 데리고 나간다.

다음날 김상로는 자신의 귀를 의심한다.
"의금부에 하옥된 선원계원들을 관직을 삭탈하고 석방하라."
"역모를 도모한 자들이옵니다. 그리 방면할 수는 없사옵니다."
홍봉한을 비롯 노론의 가신들이 일제히 어명을 거두어 달라

소리를 높인다. 사나운 눈초리로 대소신료들을 쏘아보던 영
조가 벌떡 일어선다.
"영의정 김상로를 파직하라."

영조가 선의 손을 들어주었다. 이는 노론을 내치고 소론과
손을 잡겠다는 선전포고나 다름없는 것이다. 늦은 밤까지 대
책 논의를 하자는 노론의 가신들. 그들의 말을 듣고만 있던
김상로는 여유 있는 미소를 짓는다.
"파직을 받아들여야지요. 그래야 전하도 우리가 요구하는
것을 들어주시지 않겠습니까?"

아버지의 파직 소식을 들은 정한은 가지고 있던 가장사초를
불태운다. 그 사실을 알고 대노한 김상로.
"그런다고 세자의 죄가 없어질 것 같으냐?"
"세자 저하를 위해서가 아닙니다. 아버님 때문입니다. 권력
을 되찾기 위해 그것으로 또 죄 없는 사람들이 죽이는 걸 막
고자 한 것입니다."
"그래서 손바닥으로 하늘이 가려지더냐."
정한은 이미 더 무서운 일이 벌어지고 있음을 느낀다.

수리는 세자가 풀려났다는 소식을 도성 모처에 숨어있는 하

야에게 전한다. 요 며칠간 밤새 기도로 세자의 안위를 빌었던 하야는 그제야 한숨을 놓는다. 조만간 세자 저하가 부를 것이라는 전갈을 전하고 가려는 수리를 하야가 잡는다.

"조그만 더 있다가. 오라버니 얼굴 잊어버리겠어."

하야는 몇 년 만에 저녁을 해서 수리와 먹는다.

궁으로 돌아온 수리는 세자 처소로 간다. 세자가 그를 기다리고 있다.

"수리야, 내가 지난번 너에게 선물한 것을 가지고 있느냐?"

'수'자가 써 있는 두건… 수리는 무표정한 얼굴로 세자에게 준다.

두건을 펼쳐 찢어진 부분에 무녑이 가지고 온 천 조각을 맞춰보는 선.

"무슨 연유로 날 배신한 것이냐?"

"배신한 적이 없습니다."

분노에 찬 선이 옆에 있던 칼을 뽑아 수리의 목에 겨눈다. 무녑의 이야기를 듣고 믿을 수가 없었던 선, 분명 아닐 거라 믿었다. 가장 옆에서 자신과 함께 한 수리가 그럴 리 없다고 믿었다. 하지만 그 믿음을 처참히 부셔버린 수리, 그런데 그는 너무 당당하다.

"이렇게 증좌가 있는데 배신하지 않았다?"

"난 할 일을 했을 뿐이오. 내 이름은 수리가 아니오. 당신 때문에 죽은 봉보부인과 사관 안도겸의 아들 안신념이오."

15년 전, 소화를 따라 도성을 빠져나가던 신념은 행랑아범의 등에 업혀 잠이 든다.
"이 아이 진짜 데리고 가실 겁니까? 역적의 아들인데 괜히 우리까지 경칠 수 있습니다."
"졸지에 부모를 잃은 아이를 버려? 이렇게 우리와 가는 것도 이 아이의 운명이야."
끝까지 자는 척을 했던 신념은 그때 부모가 역적으로 죽었다는 것을 알았다. 박문수를 따라 한양으로 왔을 때 부모가 왜 죽었는지 조사했던 신념. 세자를 보호하기 위해 아버지를 역적으로 몬 것이란 사실을 알게 됐다.

"자기 자식 살리자고, 죄 없는 사람을 역적으로 몬 사람이 너희 부모다. 그런 인간이 자기 손으로 아들을 죽이는 고통을 당하는 꼴을 보고 싶었다. 그것을 못 보는 것이 안타깝지만 후회는 없다. 어서 죽여라."
순간, 선의 눈앞에 소리치는 중전의 모습과 목을 맨 봉보부인 김씨와 안도겸의 버선발이 허공에 떠있는 환영이 스친다. 칼을 잡은 선의 손이 부들부들 떨린다. 수리의 부모를 죽인 사람은 영조가 아니라 중전이었다. 죽음을 기다리는 듯 눈을 감는 수리. 선은 칼을 든 팔을 툭 떨어뜨리고 돌아선다.

"오늘 수리는 죽었다. 가거라, 안… 신… 넘."

뒷모습을 노려보는 수리는 품속에서 가장사초를 꺼내 선의 발밑에 던진다.

"이건 당신이 내게 시킨 쌍둥이 사초 중 남은 한 부다."

수리가 남기고 간 가장사초를 보고 오열하는 선. 책에는 임인 옥안에 대해 바로잡아 놓은 것은 물론, 선원계원들과 함께 추구하고자 했던 자신의 통치철학을 상세하게 기록되어 있다. 그리고 자신의 무병과 맹인 점쟁이와 양제 박씨의 죽음도, 선이 한 모든 일을 더함도 뺌도 없이 사실적으로 기록해 놓은 가장 사초…

"이것이 바로 진정한 천의소감(의를 밝힌다)이로구나."

김상로의 대반격이 시작되었다. 하지만 노련한 정치인답게 세자의 무병과 맹인 점쟁이의 죽음은 발설하지 않았고. 선은 양제박씨를 살해한 폭군으로 왕이 되고자 영조를 독살하려 한다는 역모 글을 작성하고, 이를 영조에게 고변할 자를 물색했다. 후한 목숨 값을 받은 나경언이란 인물이 나섰다.,

나경언은 형조 관사 벽에 〈나경언 고변서〉라는 제목으로 세
자가 장차 불궤한 모의를 한다는 글을 붙이다 형조 참의 이
해중에 발각되어 현장에서 잡혔다. 홍봉한은 영조에게 달려
가 이를 고하고, 크게 노한 영조는 홍봉한이 있는 자리에서
고변서를 불태워 버리고, 당장 나경언의 목을 치라 명한다.

영조는 홍봉한을 물리고 세자와 마주한다.
"네가 진정 양제박씨를 죽였느냐?"
선은 차마 대답을 못하고 고개를 숙인다.
"네가 날 독살하여 했느냐?"
"아바마마. 소자 손에 피를 묻힌 것은 사실이오나 아바마마
를 해하려 했다는 이건 천부당만부당이옵니다."
분노와 답답함으로 책상을 탕탕 치는 영조,
"고변한 자가 있는데도 발뺌을 하느냐?"
"그 자가 누구이옵니까? 소자를 대면케 해 주시옵소서."
영조는 벌떡 일어나 방바닥을 쿵쿵 찧으며 펄펄 뛴다.
"니가 그 자의 입에서 무슨 소리를 듣고 싶은 게냐? 만천하
에 내가 사람을 죽인 신들린 미치광이요! 광을 내고 이 왕조
의 몰락을 자초할 셈이냐?"
영조는 천하를 호령하는 태산 같은 왕이었다. 대소신료들의
눈치나 살피고, 몸을 사리는 나약한 왕이 아니었다. 선은 난

생처음으로 자신을 지키기 위해 몸부림치며 비통해 하는 아버지를 본다. 선은 수리가 기록한 가장사초를 영조에게 준다.
"아바마마께옵서는 칼자루를 쥐셔야 살 수 있는 분이옵니다. 저들에게 자신들이 쥐고 있는 것이 칼자루가 아니라 칼날이라는 것을 보여주시옵소서. 여기에 소자의 모든 공과 과가 다 들어 있사옵니다."
영조는 세자를 물리고 사초를 단숨에 읽어 내려간다. 깊은 밤, 영조는 홀로 중전 위패가 있는 휘령전에 들러, 선이 주고 간 가장사초를 태우며 오래도록 통곡한다. 선은 휘령전 뒤에 숨어 이를 지켜보며 하염없이 뜨거운 눈물을 흘린다.

대전에는 연일 〈나경언 고변서〉와 관련, 진실을 파헤치라는 상반된 두 종류의 상소가 수북이 쌓인다. 노론은 세자를 폐해야 한다는 상소를, 소론은 세자를 모함하는 무리들을 찾아 처벌해야한다는 상소를 올리지만, 영조는 상소들을 들쳐보지도 않은 채 바위처럼 끔쩍하지 않는다.

급기야 성균관 유생들이 대궐 문을 밀고 들어와 호곡 권당 (곡성을 내는 데모)을 시작했다. 여기에 지방에서 올라 온 유림들까지 합세,
"아이고, 아이고… 우리는 미치광이 세자를 왕으로 모실 수

없다. 선을 폐세자 시켜라. 아이고, 아이고…"
수백성의 곡성소리가 온 궐 안을 뒤흔든다.

선은 곡성소리에 질식해 죽을 것만 같다. 마지막 결심을 한
선은 정한과 무념을 부른다.
"언제부터 알고 있었는가?"
갑작스런 물음에 놀란 정한은 반문한다.
"무엇을 말씀이옵니까?"
"내 병세가 무엇인지 자네는 알고 있었네. 그래서 나를 피했
던 것 아닌가?"
정한은 그동안 수많은 번뇌와 갈등을 통해 내린 결론, 자신
의 속내를 밝힌다.
"저하, 그만 왕세자 자리를 내려놓으시지요. 그길 만이 저하
도 살고 조선을 지키는 길이라 사료되옵니다."
"무념이 자네 생각은 어떠한가?"
"저하의 길을 따르겠나이다."
선은 두 친구들에게 '나는 이 나라 조선의 왕세자요. 무병에
무너질 내가 아니요. 반드시 신을 넘어서는 성군이 될 것이
요. 나와 미래를 함께 가시게.' 소리치지 못하는 자신이 한없
이 초라하고 비참해서 눈물이 난다.

그날 밤, 영조는 성수청의 모야를 찾아간다.

"살고 싶으냐? 살고 싶으면 세자의 병을 다스릴 수 있는 방책을 찾으란 말이다."

모야는 두려움에 떨면서,

"신기를 누를 수 있는 방편이 있기는 하옵니다만…"

"신기라니? 어디 방자한 입을 함부로 놀리느냐? …그 방편이란 게 무엇이냐?"

모야는 차마 내림굿을 받아야 한다 말하지 못하고, 무가의 비책을 말한다.

"옻칠한 나무로 짠 뒤주가 기를 누를 수 있는 방편이기는 하옵니다만…"

"네 목숨을 걸고 하는 말이렷다."

영조는 홍봉한을 불러 성수청을 폐쇄하고 그 안에서 모야의 뒤주 만드는 작업을 비밀리에 도우라 명한다.

선은 무녀와 함께 인왕산을 오르고 있다.

"훗날에 자네와 나 정한이 모두 같이 웃으면서 지난 이야기를 할 날이 올까?"

"반드시 올 것이옵니다. 저하, 하늘이 지켜 주실 것이옵니다."

선은 눈물이 핑 돈다.

"고맙네… 하지만 이제 그만 아버지 짐을 덜어드려야 하지 않겠나? 역사는 날 어떤 왕세자로 기억할지… 그것이 가장 두렵네."

"저하…"

무녀의 눈에 눈물이 깊게 고이고, 선은 먹먹한 웃음으로 울음을 삼킨다.

선과 무녀가 기원정사에 도착했을 때, 깊은 뒷마당에서는 군무인 무당춤연이 열리고 있었다. 기운이 꿈틀거리지만 선, 온 정신을 집중해서 누르고 이를 지켜본다. 굿거리장단에 춤추던 무녀가 무녀들이 잡고 있는 무명천을 가르며 앞으로 나온다. 소화다. 이어 남장 복에 탈을 쓴 하야가 등장하고 두 사람의 현란한 춤사위가 한바탕 펼쳐지는데, 하야의 눈이 선과 마주치자, 갑자기 하야가 푹 쓰러진다. 선이 자신의 강신을 거부하자 하야를 친 것이다. 무녀가 달려가 하야를 안고 나오고, 소화는 힘찬 기세로 춤사위를 계속 몰아간다.

암자로 옮겨진 하야는 선의 품속에서 서서히 열꽃이 가라앉으며 정신을 차린다. 반대로 선의 얼굴에 열꽃이 화악 번져 있다. 놀란 하야가 선의 품을 벗어나려는 순간, 선의 얼굴이 시커멓게 변해가는 환영을 보고, 선 또한 어둠속으로 사라져

가는 자신의 환영을 본다. 또 선은 15년 전, 피정 나갔다가 처음 만난 어린 시절 하야가 눈물을 떨어트리는 장면이 스치고, 하야 역시 그때의 장명이 선명하게 떠오른다. 선은 그때 하야가 흘린 눈물의 의미가 무엇인지 이제야 알겠다. 그녀는 지금의 선을 보았던 것이다. 선은 하야를 더욱 깊게 품에 안는다. 하야를 안은 선의 두 눈에 눈물이 고이고, 하야의 볼에 눈물이 하염없이 흘러내린다. 두 사람은 오래도록 마음으로 이야기를 나눈 후. 선은 하야와 마주 앉는다.

"하리나야, 네 이름의 의미가 마음의 진언이더구나. 내 이름의 의미는 무엇인 줄 아느냐?"
"저하는 이름처럼 늘 너그럽고 자애하신 분이옵니다."
"맞다. 맞았느니라. 하하하… 알고 있었구나. 알고 있었어… 하야. 내 마음이 네 마음이고, 네 마음이 내 마음이구나."
선은 서책 한권을 모야의 손에 쥐어준다.
"세상에 누군가 한 사람은 나를 기억해주면 좋겠다. 그게 너였으면 좋겠구나… 아마 오랫동안 너를 보러 오지 못할 것 같다…"

이른 새벽, 환궁한 세자는 영조에게 간다.

"성균관 유생들 권당에 소자를 버리겠다, 비답을 내리소서."

"여기서 물러서면 네가 죽는다. 그들이 원하는 것은 너를 폐하는 것이 아니다."

"아바마마. 나병언 그자를 역이용하소서. 그자의 고변대로 소자를 폐하시어, 아들도 단죄하는 강한 왕의 모습을 보여주시옵소서. 더는 신료들에게 끌려가지 마소서."

"선아. 이번 사안은 시간이 지나면 해결 될 문제다. 그러니 넌 네 병 치료에만 전념해야 한다. 옻칠한 뒤주가 신기를 누를 수 있다고 하니 유생들의 호곡권당으로 소란스러운 지금이 적기다. 곧 편안한 복장으로 갈아입고 창경궁 문정전(임금이 정사를 보던 편전이면서 왕실의 신주를 모신 혼전)으로 가거라."

"아바마마. 그건 아니 되옵니다. 어찌 왕가에서 무가의 흉한 비책을 따른단 말입니까?"

"난 너의 신병만 고칠 수 있다면 뭐든 지 할 것이다. 지금부터 문정전을 폐쇄할 것이고, 이를 아는 모든 자들은 다 목을 벨 것이다. 그러니 너는 반드시 그 몹쓸 병을 누르고 당당한 왕세자로 거듭나야 할 것이야. 알겠느냐?"

"손바닥으로 하늘을 갈릴 수는 없사옵니다. 세상에 비밀이 어디 있사옵니까? 소자를 폐하는 것이 아바마마와 세손을 지키는 길이 옵니다. 그 흉책은 저만 죽는 길이 아니옵니다. 아바마마도 같이 죽는 길이옵니다."

영조는 선의 **뺨**을 세차게 갈긴다.

"그래. 내가 널 죽이려는 것이다. 고얀 놈 같으니…"

순간 선은 자신이 영조를 죽이고 왕위에 오르는 환영을 본다. 아버지를 죽여야만 자신이 왕이 될 수 있다는 계시를 본 선은 정신이 아찔하다.

선은 사람들을 모두 물리고, 무념만 데리고 일성루를 향한다. 자신이 꿈꾸던 조선 그리고 선원계원들과 함께 했던 수많은 시간들… 일성루를 찬찬히 둘러보던 선은 무념도 물리고 지하 신당으로 간다. 하야의 장명루를 팔목에 찬다. 순간 선의 눈앞에 餓 死(아사. 굶어죽음) 두 글자가 선명하게 보인다.

'아사만이 모든 업장을 소멸할 수 있다!'

그 시각, 영조의 명을 받은 금부도사 구선복은 창경궁 문정전을 폐쇄시키고 성수청 신녀들이 만드는 뒤주를 다음 날 문정전 뜰에 갖다놓을 것을 명한다.

선은 영빈이씨 처소를 찾아 큰 절을 올린다. 영빈이씨는 난생처음으로 자신의 처소를 찾아 준 아들이 고맙고 안쓰러워 어쩔 줄을 모르는데, 선이 곱게 포장한 당의 한 벌을 내밀자,

끝내 눈물을 쏟는다.

무녀은 선의 곁을 그림자처럼 지킨다. 영비이씨 처소를 나온 선은 경회루에 앉아 호수가 물을 바라보고 있다. 무녀은 조심스레 세자빈 홍씨와 세손이 기다리고 있다고 말한다.

"아들에게 내 등을 보이고 싶지는 않네. 이기고 나와서 만날 거야. 난 신과 싸우기로 했네. 그동안 자네가 해줘야할 일이 있어. 내 손에 억울하게 세상을 등진 이들의 원혼을 달래주고, 그 가족들을 보살펴주게… 또 하나 문정전 뒤뜰에 갖다 놓은 물건에 숨구멍을 만들었을 터, 그 새를 다 막아 주게… 혹시 내가 무서워 도망치는 신들이 거기로 빠져나가면 안 되잖는가."

뒤주 방편을 하겠다는 세자를 데리고 휘령전으로 가는 영조. 살아생전 세자만을 위해 헌신했던 중전에게 다시 한 번 세자를 도와 달라 청하기 위해서다.

"선아. 반드시 병을 이겨내야 하느니라. 널 가장 아꼈던 어미 앞에서 약조하거라."

"약조 드리옵니다. 반드시 신기를 누르고 나와 이 나라 조선의 왕세자로 우뚝 설 것이옵니다."

"선아, 시간이 지나면 내일의 비책은 모두 잊힐 것이다. 강건한 정신으로 다시 돌아와 세자의 천의소감을 다시 기록하라."

선의 한 줄기 눈물이 볼을 타고 흐른다. 영조에게 삼배례를 한다.

"아바마마… 8일 전에 문정전 문을 열면 절대 아니 되옵니다. 9일째 되는 날, 소자가 아바마마께 문안 인사드리러 가겠사옵니다."

"날이 이토록 무더운데 8일이라니 그건 아니 될 일이다. 신기 잡다 네 몸이 상하면 무슨 소용이란 말이냐? 성수청 국무가 하루면 된다 하질 않느냐? 약도 과하면 독이니라"

"아바마마… 신과 대적하는 싸움이옵니다. 만약 소자가 신기를 단절하지 못한 채 중도에 포기하면 세손에게까지 부정한 기운이 간다 하옵니다. 통촉하여 주시옵소서."

1762년(영조38년) 5월 13일 영조의 명에 따라 문정전 관문이 폐쇄되었고 선은 자진해서 뒤주에 갇혔다. 아무도 선이 뒤주에 들어가는 모습을 본 사람은 없었고, 무념은 그 틈새를 막았다. 그리고 문정전 관문 앞에서 8일을 지켰다.

선이 뒤주에 갇혀 사투를 벌이는 동안, 폐쇄된 성수청에서는 연일 큰 굿판이 벌어지고 있다. 8일째 되는 날, 모야는 혼과

영을 달래는 독춤으로 혼령춤을 춘다. 무신 속에 혼령을 잡아넣어서 사람의 혼과 신의 영이 교차되면서 한데 엉클어지는 춤사위가 끝나고, 모야는 온 정성을 다해 항아리 안에서 모든 액이나 혼을 끄집어내는 액막이 춤을 추는데, 갑자기 항아리가 쨍~ 하고 깨지며 산산조각이 난다. 일순간에 굿거리장단이 멈추고 정적이 흐른다.

모야는 깨진 독을 치우는 어수선한 틈을 타, 성수청 문을 빠져 나간다. 성수청 문을 무사히 통과하는데, 이를 눈치 챈 구선복이 모야에게 화살을 쏜다. 그때 어디선가 나타난 수리가 모야를 감싸 안고 담장을 넘어 사라진다.

모야는 무사히 하야가 있는 기원정사에 도착한다. 초조하게 모야를 기다리던 하야는 붉은 색 비단보에 싼 일기책을 그녀에게 준다.

"훗날 세손마마께서 보위에 오르시면, 이걸 전해드려. 꼭!"

수리와 모야가 떠난 후, 하야도 미리 준비해 둔 보퉁이를 안고 서둘러 길을 나선다.

9일째 새벽 무녑은 선의 시신을 깨끗하게 수습하여 뒤주 안에 다시 모셨다. 영조는 선의 부고를 숨소리도 내지 않고, 꼿꼿한 자세로 들었다. 구선복은 문정전의 뒤주를 불태워 흔적을 없애고 서둘러 선을 저승전에 눕혔다. 영조는 평상시처럼 모든 정사를 본다. 대전에 모인 대소신료들은 긴장된 얼굴로 숨소리를 죽이고 있다.

"세자가 오늘 문안을 오겠다 약조를 했는데 아직도 진현하지 않고 있다. 그대들은 어찌 내게 세자의 잘못됨을 고하지 않는 것이냐? 당장 세자를 진현케 하라."

대소신료들은 벌벌 떨며 부복하여 '통촉하여주옵소서… 전하'를 읍소하다 하나 둘 울음을 터트린다. 그 모습을 보던 영조가 벌떡 일어선다. 양옆으로 부복하고 있는 신하들 사이를 걸어가던 영조, 갑자기 멈춰서 들고 있던 칼을 높이 쳐든다. 김상로 앞에 팍 칼을 꽂는다.

그날 저녁, 영조는 선원전으로 간다. 영조는 사당 문 앞에 서서, 지난날 자신이 양위소동을 벌이고, 어린 세자가 석고대죄를 하고 있는 모습들을 떠올리면서 서럽고도 아픈 눈물을 삼킨다. 사당 안으로 들어가 숙종 초상 앞에 배례한 영조는 성난 목소리로 하소연한다.

"세자가 날 속였습니다. 애빌 속이고 애비 뒤통수를 치고 애빌 죽이고 갔습니다. 세자가 약조를 했습니다. 분명 살아온다고… 내 아들이니까 믿었는데… 난 믿었습니다. 아들을 믿었습니다. 선을 믿었습니다."

영조는 진실로 선이 죽을 것이라는 생각을 단 한 번도 하지 않았다. 아들의 병을 고쳐주고 싶었다. 살리기 위해서였다. 하지만 죽음의 길로 내 몬 것은 나였다. 오뉴월 퇴약 볕 뒤주 속에 갇혀 물 한 모금 먹지 못했는데, 어찌 살아 나오길 바랐는지, 영조는 한스러워 견딜 수가 없다.

"아닙니다. 제가 삼맥의 혈통을 이을 세자를 죽였습니다… 아비가 아들을 죽였습니다."

이토록 왕이 된 것을 후회하기는 처음인 영조, 모든 것이 자신의 업이라는 생각에 가슴을 치며 통곡한다.

그날 밤, 영조는 대전으로 돌아와 선의 시호를 내렸다.

"사도세자!"

영조는 신녀의 말을 믿고 또 아들의 말을 믿은 자신을 한없이 원망했다. 영조에게 남은 건, 아들을 죽인 비정한 아버지! 살아서도 죽고, 죽어서도 살아 영원히 그 대가를 치르리라.

세자빈 홍씨는, 뒤주에 들어 간 다음 날 세손을 데리고 사가로 갔다. 선의 생모, 영빈이씨는 실어증으로 말을 잃었다. 그리고 무념과 정한은 남아 세자의 장례의례를 주관했다.

두 달 후, 7월23일. 선의 장례가 치러지고 장지는 양주 배봉산으로 정해졌다. 선의 장례 행렬이 배봉산이 도착했을 때, 하야가 그 산 절벽 끝자락에 비상춤(새의 의지를 독무로 안무한 춤)을 추고 있다. 하야의 춤사위가 절정에 달했을 때 하야가 절벽으로 몸을 날린다. 그때 꽃비가 흩날리면서 찬란한 광채를 띤 선이 떨어지는 하야의 손을 잡아, 하늘 높이 비상한다.

'나는 죽어 자유인이 되었다. 내 죽음은 신을 거부한 왕세자로서의 나의 선택이었다.'

그리고 14년 후.
사도세자 선이 말을 달리고 활을 쏘았던 북원, 그 후원에 화톳불이 활활 타고 있다. 정조는 사도세자의 일기를 한 장 한 장 뜯어 불 위에 놓는다. 누런 종이들이 활활 타오르다 재가 되어 하늘 위로 날아간다. 그 모습을 하염없이 바라보는 정조. 아버지 사도세자가 만들려했던 조선, 아들 정조는 그 뜻을 받들었다.
1778년 사도세자 죽음의 책임을 물어 외삼촌 홍인한을 비롯한 외척들을 단죄했다. 그리고 더 이상 임오화변에 대한 그 어떠한 처벌도 하지 않았다. 규장각을 강화해 새로운 활자를 만들고, 편찬, 출판 등을 활성화시켜 조선 후기 문예부흥을 이룩했다. 금난전권을 폐지, 백성들이 자유로운 통상을 할 수 있게 하여 상공업을 발전시켰다.

"아들아, 너는 너 스스로를 다스려 품고, 백성을 품어야 한다."
과거사에 얽매여 소중한 사람들을 품지 못했던 할아버지 영조, 미래를 꿈꿨지만 무병이란 벽 앞에서 스스로를 품지 못한 아버지 사도세자, 정조는 자신을 다스려 품고 백성을 품은, 조선 최고의 성군이 되었다.

※

참고문헌

● 박치완 외(2011). 『문화콘텐츠와 문화코드』. 한국외국어대학교출판부.

● 방정배 외(2010). 『미디어 정책론』. 커뮤니케이션북스.

● 이대희(2001). 『문화산업론』. 대영문화사.

● 장규수(2011). 『한류와 스타시스템』. 스토리하우스.

● 岩渕功一 외(2001). トランスナショナル・ジャパン. 전오경 역(2004). 『아시아를 잇는 대중문화』. 또 하나의 문화.

● Alvin Toffler(2006). Revolutionary Wealth. 김중웅 역(2006). 『부의 미래』. 청림출판.

● Chris Barker(2004). The SAGE Dictionary of Cultural Studies. 이경숙 · 정영희 역(2009). 『문화연구사전』. 커뮤니케이션북스.

● Clotaire Rapaille(2006). The Culture Cord. 김상철 · 김정수 역(2007). 『컬처코드』. 리더스북.

● Herbert I. Schiller(1995). Information Inequality. 김동훈 역(2001). 『정보불평등』. 민음사.

● Ruth F. Benedict(2006). Patterns of Culture. 이종인 역(2008). 『문화의 패턴』.

연암서가.

● pmg 지식엔진연구소(2008).『시사상식바이블』. 박문각.

● 장덕순 (1970) 서울대학교 출판부, 〈한국설화문학연구〉

● 한국구비문학회 (1971) 일조각,『구비문학개설』

● 김현선 현대어로 옮김 〈바리공주〉『한중앙아시아 신화 설화 영웅서사시』

(● 아시아문화중심도시추진단 2010)

● 김남일,방현석(2014) 〈백 개의 아시아〉도서출판 아시아

● 최시한(2015) 스토리텔링 어떻게 할 것인가 문학과 지성사

● 마루야마 무쿠지음/ 한은미 옮김(2012) 토트

● 제니퍼 밴 시즐 지음/ 정재형 옮김(2011) 책과 길

(● 마이클티어노 지음/ 김윤철 옮김 2015) 스토리텔링의 비밀